CW0051745O

AZ Ángel
El Angel de la Felicidad

La Guía Súper fácil de

Trucos y
Magia Mental
para Ser Feliz

Nivel 1

Aprender a Creer que Yo puedo ser feliz,

para Aprender a Crear Mí Felicidad, hoy!.

11:11 Despierta! estás dormido :)

Libros para aprender y enseñar, para hacer este mundo mas feliz para todos.

Título original:
La Guía Súper Fácil de Trucos y Magia Mental para Ser Feliz.
Nivel 1.
Cómo Aprender a Creer que Yo Puedo Ser Feliz, para Aprender
a Crear Mi Felicidad, hoy!
© del texto y las ilustraciones: Ángel Azcona Angulo.
© del diseño: Ángel Azcona Angulo.

Primera edición: febrero de 2021
ISBN: 9798415349265

Dedicatoria

Primero de todo dedico estos libros al Dios creador de todo por crear este universo y este planeta, y darme la oportunidad de vivir y experimentar la vida como ser humano.

Por supuesto dedico este libro a mi hija, que fue la fuerza inicial que me motivó a iniciar este viaje, y a mi esposa que siempre tuvo Fe en mí, me apoyó en todo momento y acompañó a lo largo de toda la aventura de esta búsqueda de la felicidad y el sentido de la vida.

AZ Ángel.   El Ángel de la Felicidad.

Aviso al lector

Ángel (el autor);
Tengo que poner en aviso al lector que este libro está escrito de forma diferente. Para empezar este libro está escrito para que se lea en primera persona, como si el lector estuviese hablando de sí mismo, y la razón es que el protagonista principal de este libro es el lector.

"Yo" (el lector);
"Yo," El lector, soy el Súper Protagonista de esta historia, ya que sin mí, osea "Yo de nuevo :)", no existiría mi vida ni existiría este mundo, y este libro tampoco tendría ningún sentido.

Ángel;
También encontraremos palabras que se repiten, ideas de las que se habla una y otra vez, frases escritas de forma extraña, se narrará en primera, segunda y tercera persona, y la razón de estos "fenómenos extraños literarios", es que este libro se ha escrito para aprender algo diferente; aprender el lenguaje de la felicidad, de cómo programarlo en nuestra mente y usarlo de la manera en que le sea más útil al lector :)

"Hay quién admira el hermoso paisaje tras la ventana, mientras otros desperdician su vida mirando y criticando las pequeñas manchitas en el cristal."

"Cuando el sabio apunta al cielo, el tonto mira el dedo. :) "

También debo de aclarar al lector que no soy un escritor profesional, soy una persona como otra cualquiera, con muchas ganas de comunicar al mundo entero el conocimiento que aprendí, que me salvó la vida, le dió sentido y me hizo amarla y disfrutarla de nuevo cada día hasta el día de hoy.

"Si tienes algo bueno que decir, dilo," a muchas personas les sería muy útil saber aquello que a ti te sirvió para hacer tu vida un poco mejor en algún sentido.

"No tienes que ser grande para empezar, pero debes empezar para ser grande."

INDICE

La vida en un juego en el que tengo vidas ilimitadas, infinitas oportunidades para lograr lo que deseo.

No pongas aquello que más te importa en manos de la esperanza, la suerte o el destino. Estúdialo! Si quieres ser feliz, estudia felicidad.

Aprender a Creer que puedo ser feliz, para Aprender a Crear mi felicidad.

Cómo y por qué mantenerme siempre feliz y positivo.

Agradecimientos

Agradezco inmensamente a mis Magos Mentales preferidos con los cuales me inicié y fuí aprendiendo las bases del conocimiento de la felicidad y el sentido de la vida, fueron mi referente inicial, abrieron mi mente y alimentaron mi curiosidad para seguir buscando las respuestas a las preguntas de mi Yo interior, ya que sin ellos esto no hubiese sido posible, y seguiría viviendo una vida sin felicidad ni sentido para mí.

Seguro han existido muchos otros magos mentales, y algunos de ellos se cruzaron en mi camino aportándome un gran conocimiento, aunque los siguientes que menciono son con los que Yo más me identifiqué, y a los que mejor entendí:

Hermes Trismegistro, Hipócrates, Jesús, Siddharta, Prentice Mulford, Napoleón Hill, Jim Rhon, Wayne Dyer, Richar Bandler, Anthony Robbins y Deepak Chopra.

También agradecer a mis Ángeles contemporáneos favoritos, y que a día de hoy están realizando una labor maravillosa haciendo llegar cada día a millones de personas a través de sus programas en los medios de comunicación, el conocimiento de cómo encontrarnos a nosotros mismos, encontrar nuestro propósito, y alcanzar la felicidad y el éxito en esta vida:

Oprah Winfrey, Evan Carmichael, @adhguru y Joel Osteen.

Los Grandes Magos Mentales y que aprendí de ellos.

Qué comencé a aprender de mis magos favoritos y que puede aprender el lector si sigue sus enseñanzas.
Es muy probable que si lees y estudias lo mismo que Yo, llegues a una conclusión diferente.

Todavía me queda muchísimo por aprender. Este libro y todos los que le siguen es mi interpretación de las enseñanzas de todos los maestros que he tenido. Estos son algunos de ellos:

Thot o Hermes Trismegistro:
Las Leyes Universales con las que se creó el "Todo," que afectan a todo y a todos en el Universo, desde los Quantum (las partes más pequeñas de todo lo que se ha creado, hasta las Galaxias y el Multiverso. "El Universo es un fractal." "Lo que está más abajo es como lo que está arriba, y lo que está arriba es como lo que está abajo. Actúan para cumplir los prodigios del Uno."

Salomón:

La Magia. Cómo desde lo espiritual se controla y transforma a voluntad todo lo mental, lo material y la energía del Universo.

Hipócrates:

La existencia del espíritu, y cómo se manifiesta en nuestro cuerpo material y nuestra mente. Cómo sanar el cuerpo equilibrando nuestras acciones con la voluntad de nuestro espíritu. Paz interior = Felicidad = Sanación = La coherencia entre lo que siento, lo que pienso y lo que hago = Vivir mi vida real.

Jesús, Siddharta y Lao Tse:

Instrucciones para vivir una vida feliz y con sentido. El amor, el respeto, las buenas relaciones con los demás y vivir guiándose por el corazón nos llevan a vivir nuestra vida real.

Prentice Muldford:

Las leyes de la atracción y la materialización de aquello que deseamos a partir de la intensidad de nuestro estado emocional junto con nuestro pensamiento.

Napoleón Hill:

"Instrucciones para el éxito en la vida," para lograr cualquier cosa que deseemos. Los hábitos para vivir una vida en excelencia, una vida extraordinaria o una vida media (mediocre).

Epicteto, Jim Rhon y Wayne Dyer:

Filosofía súper sencilla para vivir una vida plena; amor, bienestar, felicidad, paz interior, satisfacción personal, placer y libertad.

El Ovbio 1, Ovbio 2 de la vida.

Richard Bandler:
Programación Neuro Lingüística (PNL). Las "instrucciones" para controlar nuestras creencias, emociones y pensamientos, y tomar así control de nuestra vida, hacerla más feliz, más divertida y disfrutarla al máximo .

Anthony Robins:
Una mezcla de éxito, filosofía de vida plena y PNL.
Las "instrucciones para encontrar a nuestro "Yo" real y nuestra grandeza interior, y así alcanzar nuestro máximo potencial para sacarle todo el jugo a esta vida :)

Deepack Chopra:
Paz interior, calma y libertad física, mental y espiritual. Cuando comprendes el sentido de la vida y la creación y sencillamente fluyes observando y disfrutando de esta proyección holográfica.

AZ Ángel.   El Ángel de la Felicidad.

Las personas que están detrás de este libro.

Autor. Az Ángel.

Realmente creo, que la mayoría de las personas que me inspiraron y de alguna manera aportaron nuevas ideas e influyeron en mis creencias y pensamientos para escribir este libro y la guía de la felicidad, eran y son personas felices y bastante descomplicadas, Jesús creo que lo era, "Ama a tus enemigos." Eso es de alguien muy descomplicado y de seguro feliz. Ese es un buen tratamiento para evitar gastritis, úlceras, presión arterial alta, infarto y muchas otras enfermedades.

Muchas personas se preguntan, y al menos yo lo hacía, qué era lo que quería decir Jesús con eso de que los mansos heredarán la tierra, hasta que me enteré que muchos de los estudios sobre la evolución indicaban que los depredadores siempre se extinguen primero y lo mansos heredaban la tierra después de los cataclismos ocurridos en la historia de esta bolita azul. Así que creamos o no que ese señor sea el Dios mismo, lo cierto es que tenía muy buenas ideas sobre cómo crear una muy buena receta para ser feliz, bueno, las tenía él y muchos otros como Buda, o Mahoma, o Mándela, y otros muchos más. También mi primo tiene muy buenas ideas sobre este tema, y es que el Creador de todo esto habla a todos de muchas maneras, en todos los rincones de este planeta y en todas las lenguas que existen, nadie tiene la exclusiva de ser el favorito del "Dios creador de todo", claro que esto es solo una idea mía, seguro que la tuya si que es la buena ;)

Las personas felices nunca discuten ¿Sabías eso?

Si usas una receta para cocinar un pastel de chocolate, y el resultado ni parece un pastel ni sabe a chocolate, esa receta no sirve para hacer pasteles de chocolate. Mejor cámbiala y usa otra.

Si tus ideas sobre la felicidad no te hacen feliz, entonces hay algo equivocado en ellas. Cambialas y prueba otras difentes.

Si dijese que estas ideas son mías se me caería la lengua de mentiroso, pues lo que se, es la suma de todo lo que he ido aprendiendo de otras personas mucho más inteligentes que Yo, Yo solo soy un coleccionista de buenas ideas para ser feliz :) A lo largo de mi vida he ido juntando y uniendo algunas de las ideas de otras miles de personas tan curiosas como Yo, que no tenían mucho más que hacer que buscar la manera de encontrarle sentido a esta vida y hacerla un poco más divertida y feliz, por eso debo decir que detrás de este libro, hay algunas ciencias y otras muchas personas como:

ADAM LEIPZIG, ALBERTO VAZQUEZ FIGUEROA, ALLAN PEASE, ANDERSON SILVA, ANDREW CARNEGIE, ANTHONY ROBINS, ANTONIE DE SAINT EXUPERI, ARNOLD SCHWARZENEGGER, ARTURO SOLIS, AYN RAND, BARBARA OAKLEY, BIBLIA, BOB PROCTOR, BRENDON BURCHARD, BRIAN TRACY, BRUCE LEE, BRUCE WILKINSON, BUDA, CARLOS CASTAÑEDA, CHARLES F HAANEL, DALE CARNEGIE, DANIEL GOLEMAN, DAVID HOSTING, DAVID SCHWARTZ,DEPACK CHOPRA, DONALD TRUMP, EARL NIGHTINGALE, EARL SHOAFF, EPÍTETO, ERIC THOMAS, EVANJELIOS ESENIOS, FLOYD MAYWEATHER, FRANK FURNES, GEORGE S. CLASON, GORDON RAMSAY, HAMLET, HERMANOS GREEN, HERMES, ISRA GARCIA, J.R. TALKIN, JACK KORNFIELD, JACK CANFIELD, JACKIE CHAN, JAMES CAMERON, JESUS, JHON ASSARAT, JHON GRINDER, JIM CARREY, JIM HENNIN, JIM ROHN, J.J. BENITEZ, JOE CONSTANZA, JOEL OSTEN, JOHN GRAY, JON KABAT ZINN, JOSH KAUFMAN, JULIO VERNE, KARL GUSTAV JUNG, KENJI YOKOI, LAO TSE, LES BROWN, LISE BURBEAU, MARCO AURELIO, MARIO ALONSO PUIG, MARK VÍCTOR HANSEN, MAX STROM, MIGUEL RUIZ, MILTON ERICSON, NAPOLEON HILL, NICOLA TESLA, NORVIN CHAN, OG MANDINO, OPRAH WINFREY, OWEN FITZPATRIC, PATCH ADAMS, PAULO COELHO, PAUL MCKENA, PRENTICE MULFORD, RENE KINTON, RICHARD BANDLER, RICHARD BRODIE, ROBERT FISHER, ROBIN SHARMA, SADHGURU, SENECA, SPENCER JOHNSON,

STAN LEE, STEVE JOBS, OG MANDINO, STEVE NAKA-MOTO, SUN TZU, T HARV EKER, TAL BEN SHAHAR, ROBERT KIYOSAKI, THICH NHAT HANH, TOM HOPKINS, TONY BUZAN, WALTER RISO, WARREN BUFFET, WAYNE DYER, WILL DURAN, WILL SMITH, WILLIAM WALKER

Y muchísimas otras personas maravillosas que han contribuido a enriquecer mi pensamiento y crear mi filosofía de vida, mejorar mi vida, y la de millones de otras personas, así que de corazón también doy muchísimas gracias a todas ellas.

Se que el universo me hizo entender de una manera muy especial el mensaje que estas personas quisieron comunicar, y también sé que el mensaje que haga llegar al lector, será el que el universo tiene preparado para cada ser humano que lea este libro, el mensaje exacto que necesita recibir, y en el preciso momento en que ha de recibirlo, en este caso, el momento en que lea este libro, para guiarle a mejorar y hacer de su vida la más maravillosa vida que pueda llegar a vivir.

Yo aprendí a ser feliz, con la intención de enseñar a otras personas a ser feliz. Aprendí desde el amor, por esta razón se, que esto es lo que encontrará el lector en este libro y toda la guía de la felicidad; "Amor y Felicidad."

Recuerdo la etapa de mi vida en que comencé a hacerme muchas preguntas sobre el significado de la vida, ya que en esa época, mi vida había perdido todo el sentido. Fué entonces cuando decidí dedicar mi vida a encontrar las respuestas sobre el sentido de la vida y la felicidad.

En aquel entonces vivía en Colombia. Mi mente estaba abierta a encontrar respuestas en todos los lugares posibles, y un amigo me dijo, que uno de los lugares donde podía encontrar esas respuestas, era en la selva del Putumayo. En ese lugar existen los Taitas, guías espirituales que me podrían ayudar a encontrar las respuestas que buscaba por medio de la Ayahuasca. "La medicina que habla". La medicina que te conecta con la sabiduría infinita y sana con esa sabiduría. Así que tomé mi mochila, y hacia ahí me dirigí.

Recuerdo que llegué al punto de encuentro donde debíamos encontrarnos con el guía que nos llevaría al lugar de la selva donde deberíamos tomar el brebaje sagrado.
Era una noche muy oscura. Al lado de un camino de tierra, a las afueras de un pequeño pueblo escondido en aquella parte de la selva de Colombia, Yo, y tres personas más esperábamos en silencio.

Eran las once de la noche y todo estaba muy oscuro, era una noche sin luna. El silencio y la calma total me hicieron sentir por un momento la sensación de que quizás me había quedado sordo. Apenas podía ver a las personas que tenía a mi lado, a mi alrededor solo podía ver la silueta de la vegetación contrastada con un cielo totalmente estrellado y las lucecitas de las pequeñas luciérnagas flotando a nuestro alrededor como hadas mágicas en un cuento.
A veces una respiración profunda rompía ese silencio. Yo quería hacer algunas preguntas a las personas que estaban ahí. Nunca las había visto aunque tenía la sensación de conocerlas de algún lugar. No quería romper el silencio de ese mágico momento,

pero la curiosidad pudo conmigo y decidí acercarme y preguntar.

(Conversamos en susurros.)

- Hola, me llamo Ángel.

- Hola, Yo me llamo Manuel.

- Hola Manuel. Oye, ¿es la primera vez que vienes? Pregunté con mucha curiosidad.

- No, ya he venido varías veces. Cada vez que siento que mi vida se encuentra en una situación de la que no encuentro salida, vengo a consultar a la medicina sagrada que habla.

- Entonces ¿uno viene con un montón de preguntas y te responde lo que quieres saber?

- No. Respondió.

Después de un momento de silencio, me dijo con una sonrisa en su rostro que apenas podía distinguir.

- No te contesta lo que quieres saber, te contesta lo que necesitas saber.

Cierto que es que en los lugares más extraños e inusuales pude encontrar algunas de las respuestas que me guiaron mi nueva vida.

"Para encontrar algo que nunca has visto debes ir donde nunca has estado. Para buscar algo que desconoces debes buscar en lo desconocido."

"Las respuestas que buscan las personas para cambiar su vida, están detrás del miedo que debilita y apaga su curiosidad y sus deseos."
Pero el miedo, es solo miedo, una sensación, es tu mente proyectando historias de terror que ni

siquiera son tuyas y no existen.

"Recuerda que cuando tienes miedo, no es tu mente la que está pensando, pues cuando tú mente piensa, no tiene miedo."

Doy gracias a todos las personas que han abierto mi mente a nuevos pensamientos y han puesto a mi alcance y al alcance de todos los seres humanos que les fué posible, el conocimiento que hace que todos podamos vivir felices, unidos y en armonía en este pequeño planeta azul.

AZ Ángel.   El Ángel de la Felicidad.

A quién va dirigido este libro.

Este libro está dirigido a Yo ¿Y quién es Yo? Pues Yo, Mí, para Mí para Yo, este libro se ha escrito para Mí, osea Yo, el lector. Que loco, ¿si?

Este libro está escrito para aquella persona que está preparada para leerlo, la persona que en estos momentos lo tiene en las manos y lo está leyendo, y ese soy "Yo", pues de otra manera este libro no habría llegado a mis manos. "Yo" no se refiere al autor, "Yo", se refiere a mí, el lector, la persona que estoy leyendo este libro. Y hay una razón muy sencilla;

"Yo soy la persona más importante de mi vida, ya que sin Mí, no habría vida, mi vida, claro. Seguro existirá la vida de otro, aunque como podría Yo saberlo si Yo no estuviese aquí, así que para la vida que estoy viviendo, la que he venido a vivir y lo que he venido a hacer, "Yo" soy el personaje principal y el más importante. Probablemente alguien opine diferente, pero Yo opino así.

Un proverbio Zen, dice que "El maestro aparece cuando el aprendiz está preparado." También dicen que "El Universo me revela lo que necesito conocer, en el momento preciso de mi vida en que necesito saberlo."

"El maestro es solo un mensajero, el mensajero puede ser cualquiera, así que no menosprecies a nadie, abre los ojos y escucha atento." El mensajero solo es una conexión entre la inteligencia infinita y aquel que recibe el mensaje. "Y recuerda que nada es casualidad", si hoy tengo este libro en las manos y estoy leyendo estas palabras es porque en alguna parte de él, en alguna de sus páginas, están la respuestas o parte de las respuestas de lo que mi Yo interior siempre ha estado buscando.

Este es Yo "dibujo simple"

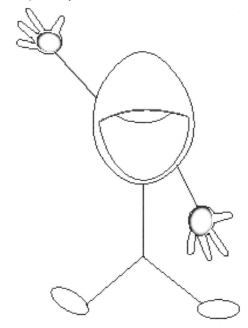

y no es que Yo, la persona más importante de mi vida sea un calvo sin sexo y sin rostro, en realidad todavía no sabemos cómo es Yo, pero lo iremos descubriendo a medida que lea las palabras de este libro. Si hay una cosa que se, es que "Yo," es un ser humano, un ser único, al igual que todos los demás "Yo" en el planeta, y en esta sociedad Yo soy una persona con características personales, y he de ser tratado así, de forma personal, por eso nos referimos a las personas con la palabra "persona". Yo no soy gente, con características de un grupo, ni quiero ni me gusta que se me compare con nadie. "Oye, tú, pieza del montón, vuelve a ser parte del grupo, que si no, nos falla la estadística y haces que se descuadre la gráfica." Pues aunque haya personas con alguna característica similar a mi, no hay nadie como Yo.

"Yo soy único y perfecto, pues "Yo soy el perfecto Yo."

Hay seres humanos con otras características y eso es genial, también los súper héroes tienen superpoderes diferentes, cada cual el suyo personal que les hace súper héroes únicos, y si les preguntas, qué es lo que les hace únicos, te dirán. "Yo soy único porque uso mi poder personal, el poder personal que se me asignó en esta vida, que es diferente al de los demás Superhéroes y uso este poder para realizar mi propósito, que es mejorar mi vida, la de las otras personas y la de este mundo. Por eso el día que descubra cual es mi poder personal y lo use para servir a tantas personas como pueda, mi vida comenzará a tener sentido, encontraré mi paz interior, estaré orgulloso de mí mismo y viviré feliz cada día de mi vida, además nunca me faltará de nada, tendré todo lo que desee.

El UNIVERSO me dice, "Demuéstrame que eres único y pondré el mundo a tus pies."

Que soy único soy único, no hay dos como Yo, y el día que lo demuestre y deje de tratar de parecerme o actuar como alguien más, comenzaré a tener todo lo que Yo realmente deseo. Piensa en todas las personas que parece que tienen todo lo que desean, piensa en las personas que admiras o que destacan de las otras, las que son felices y descomplicadas, por lo general todos viven su propia vida, a su manera, sin estar pendiente de nadie más, de parecerse a nadie más, de seguir a nadie más o de buscar la aprobación de nadie más. Viven vidas únicas y son únicos. Estas personas no tratan de copiar a nadie, es más, casi todos tratan de copiarlos a ellos, y la razón por la que destacan es porque son ellos mismos, son únicos y se lo muestran al universo cada día.

No podemos gustar a todos y eso es normal. Cuando alguien, supongamos Yo, comienzo a mostrarme abiertamente como soy en realidad, el 50% de las personas me van a criticar. El 50% de las personas son así, lo critican todo. El 30% de las personas me van a ignorar, muchos ni me van a mirar, y no es que me rechacen, sencillamente no tienen mucho que ver conmigo o lo que hago, les trae sin cuidado, ellos van a lo suyo. Lo maravilloso es que un 20% de las personas, 2 de cada 10 personas si se va a identificar con mi verdadero "Yo" de alguna manera, serán personas parecidas a mí, con gustos similares y cosas en común conmigo, y en este 20% encontraré las personas con las que me sentiré a gusto y empezaré a hacer amigos reales, encontraré mi pareja ideal y junto a ellos crearé una vida realmente propia que me hace feliz a mí y a las personas que me rodean.

Por ejemplo, "Cuando comencé a ser Yo mismo, al comienzo me sentía como una pequeña luz en la oscuridad. Nadie estaba tan obsesionado como yo con la felicidad, la motivación y el crecimiento personal. Era demasiado intenso y la verdad es que dolía sentirse criticado por mis familiares, mi pareja y las personas a las que quiero. Hay un dicho que dice "Por mucho que te apasione el golf, no se puede jugar al golf dentro de casa." Habrá quien sí pueda jugar al golf dentro de su casa, pero me refiero a la mayoría de los mortales. Poco a poco empecé a darme cuenta que habían otras luces a mi alrededor, unas algo parecidas a mí y otras muy similares, y entonces, junto con estas luces, fue que comencé a crear mi mundo a mi alrededor y comencé a vivir mi vida, junto con luces del mismo color, el mismo brillo y tonos parecidos a la mía.

"Cuándo las luces a mi alrededor sean del mismo color, parecidas en tono, igual de brillantes que la mía, siempre, siempre, siempre, me sentiré feliz."

"Puedo adaptarte al mundo en el que estoy para *sobrevivir*, o salir ahí fuera, crear mi mundo y vi*vir de verdad*."

¿Hay algún Yo que opine diferente? Seguro que sí ¿Quién? "Yo."

Lo cierto, es que nadie tiene razón al criticar mi vida y decir que lo que estoy haciendo y decido para mi vida esta mal o es incorrecto, pues no hay nadie en la historia de la humanidad que haya vivido la vida que he vivido, que esté viviendo la vida que Yo estoy viviendo, y nadie va a vivir la misma vida que Yo viviré. Tampoco nadie sabe para qué he venido a este mundo, ni cual es mi propósito personal de vida, por está razón ¿Quién puede decirme que es lo correcto pensar o hacer en mi vida para vivir mi vida personal de la manera correcta?

"La principal guía que tenemos para saber que estamos viviendo nuestra propia vida como se debe vivir, es la felicidad. Si alguien no se siente feliz, es que no está viviendo su vida."

Lo "único," lo "raro," tiene muchísimo valor. Las copias son imitaciones y aunque una copia sea muy buena, no tiene ni tendrá nunca el mismo valor que el original, y cuántas más copias hay menos valor tienen, por lo tanto, "ser Yo, ser Yo mismo, ser único," tiene un valor infinito pues nadie más que Yo, puede hacer lo que Yo he venido ha hacer a este mundo, y en cuanto trate de imitar a otros, comenzaré a perder mi Valor. Si hay personas con características similares a mí y con las que me identifico y me siento a gusto, pero no son Yo, ni Yo soy ellos. Quizás, tengamos una naturaleza parecida.

"Solo el Creador sabe cual es mi propósito, lo demás son suposiciones, y solo Yo lo sabré llegado el momento perfecto."

"Los dos días más importantes de nuestra vida son el día en que nacemos y el día en que descubrimos para qué."
Mark Twain.

32

"El día en que nacemos comenzamos a vivir la vida que otros necesitan que vivamos, el día que descubrimos para qué nacimos es el día que comenzamos a vivir nuestra propia y verdadera vida."
A la vida le gusta jugar al despiste :)

Si alguien opina diferente y diga que Yo no tengo razón, que se pregunte a sí mismo de quién es su idea, de donde proviene, o quien está dando esa opinión, y la respuesta siempre será, que la idea la estoy diciendo "Yo". Entonces ¿por qué podría decir Yo, que alguien está equivocado, o por qué alguien puede decir que lo estoy Yo?
En realidad todos tenemos razón, pues opinamos observando el mundo desde nuestra propia perspectiva, a partir de nuestra única experiencia de vida, lo que sabemos y el lugar en que nos encontramos, lo cuál es totalmente único.

Recuerda siempre. "Tú eres tú, y también eres Yo, y Yo también soy Yo. Por lo que en realidad, todos somos "Yo" viviendo la vida desde una perspectiva diferente."

"La empatía, es ponerme en el lugar en que se encuentra mi otro Yo, teniendo una experiencia distinta de la vida."

El juego terminará el día que todos nos demos cuenta que somos una parte del uno, que todos somos piezas perfectas del rompecabezas que forma la imagen del Creador del juego. El día que todos nos aceptemos a nosotros mismos como verdaderamente somos y aceptemos a los demás como verdaderamente son, nos unamos para completar el rompecabezas, y nos demos cuenta cual es la imagen que forma, el juego y la búsqueda habrá concluido. Entonces quizás, el Creador removerá de nuevo las piezas del puzzle, del rompecabezas y el juego comenzará de nuevo.

Dicen que todos somos una extensión, una parte diferente de Dios, así que si unimos todas esas partes lo que descubriremos es cómo se ve la imagen de Dios expresada en el ser humano, "la cara de Dios". Quizás lo que vea me sorprenda, pero al ver mi propia cara reflejada en el espejo, comprenderé que.....

Cada pieza de los rompecabezas del Creador es única y perfecta, cada pieza es perfecta y a la vez incompleta, pues forma parte de un todo. Si se trata de cambiar la forma, el color o el contenido de la pieza, entonces la pieza no encajará nunca en su lugar. Para encajar en el lugar que me corresponde en el rompecabezas del que creó el juego, primero debo encontrarme a mi mismo, solo así encontraré mi lugar y descubriré mi propósito. Si con otra forma y sin poder encajar ni encontrar mi lugar, intento transformar a los demás para que encajen en mi visión de la vida, en mi mundo deforme, entonces me transformaré en alguien más diferente todavía de lo que en realidad soy, hasta que quede totalmente perdido.

"Ser Yo mismo y dejar ser, es la primera regla del juego para que cada pieza pueda encontrar su lugar y encajar en el."

7.000 millones de personas en el planeta, 7.000 millones de formas de pensar diferentes, y todas son igual de válidas para cada Yo, y lo más probable es que Yo no esté de acuerdo con muchas de esas ideas, creencias y valores, y si las ideas que creó son originales y salen del fondo de mi corazón y no de mi cabeza, entonces, Yo tendré razón, pues esas ideas pertenecen a mi Yo original, a mi esencia, y son parte de la filosofía de vida que traigo conmigo del lugar del que provengo, son parte de la sabiduría que necesito para vivir mi vida real y personal, la que he venido a vivir.

Así que puedo coger un lápiz, y cuando Yo lo desee, puedo comenzar a añadir una característica muy personal a mi Yo real. Puedo añadir tantas características como desee y cambiarlas cuando lo desee, pues Yo tengo derecho a cambiar de opinión cuando yo quiera.

En realidad este libro podría haberlo escrito el lector, si en realidad como dice Richard Bach, el escritor del principito;

"Aprender es descubrir lo que ya sé . Actuar es demostrar que lo sé. Enseñar es recordarles a los demás que saben tanto como Yo. Somos todos aprendices, ejecutores, maestros."

"Solo hay una respuesta a la afirmación, "todos tenemos en nosotros mismos todas las respuestas", pues solo hay uno que lo conozca todo."

"La Vida es solo un viaje de vuelta al origen, a la fuente. Nacemos y comenzamos a alejarnos, y en algún punto de la vida comenzamos a regresar. No morimos, volvemos al origen."

"Al final siempre fuí Yo, viviendo la vida desde miles de millones de perspectivas diferentes."
El Dios creador de todo.

Pues bien, bienvenido a mi vida, a la vida que Yo decido vivir.

Ejercicios para "aprender" a Creer, aprender a Crear y Ser Feliz, y por qué es necesario hacerlos.

Aquí vinimos es a aprender mijo. Como dirían mis amigos colombianos :)

"Si un hombre lee algo sólo recordará el 10%, si lo estudia recordará el 70%, si lo practica y enseña recordará el 90% y lo sabrá hacer."
Edgard Dale.

"Tener conocimiento de algo nos da la falsa sensación de saber hacerlo."

"Es como decir que conoces a Dios por que has leido la Biblia, que conoces un país porque has leído sobre él, has visto fotos o has ido de vacaciones, es como decir que conoces un camino porque lo has visto en un mapa.

Puedes saber dónde empieza y dónde termina el camino, pero hasta que no lo has recorrido no conoces ese camino."

Muchas personas leen libros de crecimiento personal y al principio se sienten muy motivadas pero con el tiempo su vida cambia muy poco. Pudiera ser culpa del escritor que dice al lector que se debe de hacer y que no se debe de hacer pero, no le muestra como hacerlo.

"Todos sabemos dar consejos, pero sin enseñar cómo aplicarlos no sirve de mucho."

Puede ser culpa del lector que aun sabiendo que hay que hacer y cómo hacerlo nunca lo puso en práctica.

Tener mucho conocimiento, si no se aplica es como tener un montón de libros en una biblioteca, solo sirven para consultarlos. Y si ni siquiera se consultan de vez en cuando acabarán cubiertos de polvo en una estantería y olvidados con el pasar del tiempo.

Si no practicas lo que lees, nunca sabrás hacerlo y tu vida nunca cambiará.

"Toda idea que pongo en práctica provoca que mi vida cambie de algún modo."

Estos ejercicios que vamos a explicar son fáciles de hacer y muy fáciles de enseñar a hacer. Así que PRACTÍCALOS! :) Han mejorado la vida de millones de personas.

Vamos a hacer ejercicios mágicos:

• Algunos de ellos los haremos sin saber qué es lo que hacen y sin darnos cuenta que los estamos haciendo.

• Otros los haremos solamente en nuestra mente y aun así cambiarán nuestro mundo interno y cambiarán también el mundo en que vivimos, nuestra vida y la de los demás a nuestro alrededor.

• Otros son prácticas que hacen las personas de mucho mucho mucho éxito, y estas personas afirman que son la clave de casi todo lo que han logrado, y de todo lo que al principio les parecía imposible de lograr.

• Otros son prácticas que se realizan desde la antigüedad, prácticas de magos que afirman lograr los deseos más profundos de nuestro corazón, alcanzar la felicidad y una vida plena.

Puede ser mentira o puede ser real. Todo el que no tiene lo que desea dirá que eso no es cierto, todo el que ha alcanzado hasta lo que creía imposible te dirá que sí lo es. La única manera de comprobar algo es probarlo hasta que se domine y lograr lo que se propone.

"No subestimes el poder de un pensamiento por pensar que solo es eso. Un pensamiento."

AZ Ángel.   El Ángel de la Felicidad.

Introducción

"Hay quien dirá que hay muchas razones por las cuales no sentirse feliz, también hay muchas razones por las que sí, aunque solo necesito una razón para decidir si sentirme feliz o no."

"Todo en la vida es cuestión de actitud para lograr lo que deseo, lo demás son excusas. Ser feliz es una decisión personal y no una condición."

Este libro es para mi, y no me refiero a Ángel el autor. Es para mí, la persona que lo está leyendo en este momento. Este libro no se escribió para leérselo a otra persona ya que la persona a la que se lo lea no le encontrará mucho sentido, porque este libro solamente lo puedo entender Yo, el lector, pues está escrito para mi personalmente.

Sentirme feliz es muy fácil, la verdad que es demasiado fácil sentirme feliz todo el tiempo que desee sin importar lo que ocurra fuera de mí, a mi alrededor. Más adelante me iré dando cuenta, al aprender a sentirse feliz en el momento en que desee, que ser feliz es mi decisión. Podré sentirme siempre feliz o sentir la emoción que desee en el momento en que Yo desee. Si no lo he hecho antes es porque desconozco cómo tomar control de mis emociones, pensaba que no era posible o que era muy difícil. El hecho es que cuando no controlo mis emociones, cuando dejo que las circunstancias u otras personas tomen el control de mis emociones o dejo este control en manos de la suerte, la casualidad, o el destino, mi vida se vuelve un caos emocional, y quizás ese sea mi caso, o no, una montaña rusa de emociones que suben bajan y dan vueltas a veces súper rápido u otras súper lento. El caso es que;

"el que controla las emociones de una persona controla a esa persona",

pues todas las decisiones que tomamos todos los seres humanos son decisiones cien por ciento emocionales. Una sola palabra o un simple pensamiento pueden cambiar el estado emocional de cualquier persona que no sepa manejar sus emociones, y conseguir que esta persona tome la decisión que aquel que le hizo cambiar de emoción quiere que tome, ya que dependiendo de nuestro estado emocional, las decisiones que tomamos son diferentes."

Si "mi Alma" por llamarlo de alguna manera, mi Yo verdadero tiene el control de mis emociones, entonces Yo tendré el control de mis acciones y de mi vida, y viviré la vida que estoy supuesto a vivir, me hace feliz y merezco vivir.

Mi control emocional, mi control personal, el guía que dirige mi vida tiene que venir desde dentro y nunca desde fuera, ya que nadie más que Yo y la inteligencia infinita conoce cual es mi propósito de vida, lo que debo de hacer y el camino que he de recorrer para lograrlo.

Toda información que proviene de fuera de mí y que va en contra de mi intuición, lo que hace es despistarme, guiarme a vivir una vida que no es mía y nada tiene que ver con mi propósito. Por esta razón, en este libro y La Guía de Magia Mental para Ser Feliz, no me dirán lo que debo de hacer, ni hacia dónde he de ir, tan solo me mostraran algunas de las herramientas con las que contamos todos los seres humanos para vivir Felices y sacar lo mejor de nuestra propia vida y las bases de cómo utilizarlas. Con este conocimiento ya me toca a mí practicar y profundizar en el aprendizaje de las herramientas que yo necesite para potenciar mi "Ser Humano", encontrar y recorrer el camino de mi propia vida, vida que he venido a vivir y disfrutar en esta pequeña bola de colores que es el planeta tierra, mi hogar temporal.

Quizás has oído hablar del coaching. Este se basa en que las personas ya conocen las respuestas para resolver sus problemas o alcanzar sus objetivos. "El Coach es un guía" y no un maestro o un mentor, al igual que Ángel, el autor de este libro es solamente "un mensajero del conocimiento de la felicidad," o lo que es lo mismo, un "Ángel de la Felicidad :)"
La buena noticia es que tomar el control de mis emociones y sentir la emoción que Yo deseo, cuando lo deseo es muy muy sencillo, y la mayoría de las personas que estudian y enseñan

felicidad, por lo general recomiendan mantenerse en el estado emocional de la felicidad, y en este curso, Ángel, el autor, me va a dar algunas muy buenas razones por las qué sentirme feliz la mayoría del tiempo es la decisión más acertada para mí, y cualquier otro ser humano.

En esta primera parte del curso en realidad no se va a hablar casi sobre la felicidad, qué es la felicidad o cómo se consigue, pues para conseguir algo lo primero que he de hacer es estar totalmente convencido de que "Yo" puedo lograrlo. Si alguien no cree que esto es posible para él, aunque entienda que es la felicidad y cómo conseguirla, esta persona no conseguirá ser feliz.

"Si crees que no se puede scr feliz, tendrás razón, tendrás la sensación de que nunca eres feliz. Si crees que solo se puede ser feliz a veces también tendrás razón, y significa que sólo te sientes feliz a veces, y si crees que se puede ser feliz siempre es que ya eres feliz. El caso es que el que al final consigue algo es aquel que cree que puede."

Si crees que no es posible ni siquiera lo intentarás, así que esta primera parte trata de aprender a creer que es posible aquello que deseamos que lo sea, aquello que nos es útil, en este caso creer que Yo puedo sentirme feliz cuando Yo lo desee, donde Yo lo desee, tan intensamente como desee y todo el tiempo que Yo decida estar feliz.

Si en esta guía se enseña que es posible sentirse feliz siempre, es porque Ángel, el autor, aprendió a sentirse feliz siempre que lo desea, que es casi todo el tiempo.

Ángel antes no era así, era como la mayoría de las personas, no podía estar feliz siempre ya que no sabía cómo hacerlo, es más, ni siquiera sabía que esto era posible.

Ángel imaginó que debía de haber una manera de lograrlo, de sentirse siempre feliz. Deseaba ser feliz siempre y también deseaba conocer cómo entrar en el estado de felicidad a voluntad, para luego poder enseñar a todos los seres humanos a ser felices.

La verdad es que ser el único que siempre está feliz, parecía algo muy aburrido. Además, imaginó que enseñar a alguien a ser feliz, tenía que ser algo muy divertido y gratificante, y la verdad es que no se equivocaba.

Si aprendo la filosofía de la felicidad que se enseña en esta Guia de Magia Mental para ser Feliz y aprendo sus Trucos de Magia Mental, si lo deseo Yo también me convertiré en un Mago Mental profesional y podré guiar a muchas otras personas a encontrar su felicidad.

No hablaremos mucho de la felicidad, aunque si me sentiré feliz mientras leo este libro. Iré aprendiendo inconscientemente a sentirme feliz, lograré entrar y salir del estado de Felicidad varias veces, *y así, mi mente se dará cuenta que me es posible tomar el control de mis emociones a voluntad, que ser feliz es una decisión personal y no una condición.*
En este libro, este primer capítulo de la Guía Súper Fácil de Magia Mental para Ser Feliz aprenderemos a creer, a crear creencias

que me benefician y me llevan a tener una vida feliz, comenzar a hacer real aquello que en verdad creo y lo deseo con el corazón.

Aprende, practica y enseña. Estas son enseñanzas CON LAS QUE CREAMOS UN MUNDO MÁS FELIZ PARA TODOS.

De mi Mago de felicidad favorito. AZ Ángel. "El Ángel de la Felicidad :) .
¿Mi Favorito? Claro, probablemente Ángel es el primero y único que conozco ;).

Ángel;
Tardé mucho en comenzar a escribir este libro por la razón que los consejos para lograr algo son fáciles de encontrar, las razones muy diversas pues cada ser humano te dará las suyas, mientras el porqué algo es cierto y cómo debe de hacerse, el origen y la esencia verdadera de aquello que causa algo es más difícil de encontrar, aunque cuando se encuentra es muy fácil de entender.
Si algo es muy difícil de explicar probablemente la respuesta que nos están dando tan solo es una explicación rebuscada que se adapta a la respuesta que pretenden que creamos.

Este es un viaje a la felicidad, y este viaje comenzó hace algunos momentos.
"El pasado es una ilusión y el futuro también lo es, en realidad, el único momento en el tiempo en que transcurre y ha transcurrido siempre mi vida es justo este instante."

"La vida no comienza cuando naces, la vida comienza cada día"

Yo, el lector;

"Mi vida no comenzó un día en el pasado, mi vida comienza cada día" cuando despierto, y solo yo decido cómo quiero vivir ese día, y puedo vivir ese día enfadado, puedo vivirlo triste, preocupado, aburrido, quejándome, buscando defectos por todos lados o Yo decido vivir este día de hoy feliz, lleno de ilusión, apasionado por la vida fijándome en todo lo bueno que hay en ella, buscando las oportunidades, pasármelo genial y divertirme tanto como pueda dispuesto a hacer de este día que es mi vida, una aventura maravillosa donde cada suceso es una oportunidad para aprender, mejorar y evolucionar a un Yo mejor. Cada situación de este día es una bendición, un momento de gozo o un reto del que aprender.

Decida lo que decida, cómo vivir este día es mi decisión y solamente mi decisión.

Napoleón Hill decía en su libro, Piense y hágase rico. *"Nadie decide en la manera en que yo pienso y siento, o los pensamientos que decido tener dentro de mi mente. Si hay un regalo verdaderamente maravilloso y poderoso que aquel que nos creó nos dió al llegar a este mundo, esa es la capacidad de elegir los pensamientos que dejamos entrar en nuestra mente."* Y es que los pensamientos que metemos en nuestra mente, los que constantemente están en *nuestra cabecita crean nuestro mundo exterior, y a eso es a lo que podríamos llamar "El libre albedrío."*

"El libre albedrío. La capacidad que tengo de meter en mi mente a voluntad los pensamientos que Yo quiera, evocar en mí la emoción que me convenga, e imaginar el mundo que deseo para que ese mundo se proyecte fuera de mi y vivir la vida que deseo vivir."

Puede que alguien diga que de pequeños no teníamos opción de elegir las ideas, creencias y valores que nuestros padres o cuidadores, las escuelas, las religiones, los medios de comunicación o las personas que nos rodeaban, nos enseñaron cómo ciertos y cómo una verdad única y absoluta. Si piensas así, probablemente tienes toda la razón, pero al no ser que el que lea este libro tenga menos de doce años, el lector, si tiene la opción de elegir qué pensamientos desea dejar entrar y tener en su mente.

Entonces, ¿Deseo seguir teniendo pensamientos que me llevan a vivir una vida que no deseo, la vida que otros necesitan que viva, o por el contrario deseo encontrar, aprender y tatuar en mi mente los pensamientos, las creencias y los valores que crearán la vida que Yo deseo y merezco vivir?

Gandí dijo una vez;
"Tus creencias se convierten en tus pensamientos,
tus pensamientos se convierten en tus palabras,
tus palabras se convierten en tus actos,
tus actos se convierten en tus hábitos,

tus hábitos se convierten en tus valores,
tus valores se convierten en tu destino."

También merece la pena leer este pedacito del libro "El vendedor más grande del mundo." En realidad merece la pena leer el libro entero, una y otra vez.

"Cuando era niño, era esclavo de mis impulsos, ahora soy esclavo de mis hábitos, como lo son todos los hombres crecidos. He rendido mi libre albedrío a los años de hábitos acumulados y las acciones pasadas de mi vida han señalado ya un camino que amenaza con aprisionar mi futuro. Mis acciones son gobernadas por el apetito, la pasión, el prejuicio, la avaricia, el amor, el temor, el medio ambiente y los hábitos; y el peor de estos tiranos es el hábito. Por lo tanto si tengo que ser esclavo de los hábitos, que sea esclavo de los buenos hábitos.

Los malos hábitos deben ser destruidos y nuevos surcos preparados para la buena semilla.

Adquiriré buenos hábitos y me convertiré en su esclavo. ¿Y cómo realizaré esta difícil empresa? Lo haré por medio de estos pergaminos, porque cada uno contiene un principio que desalojará de mi vida un hábito malo y lo reemplazará con uno que me acerque al éxito. Porque hay otra ley de la naturaleza que dice que solo un hábito puede dominar a otro. De manera que a fin de que estas palabras escritas cumplan la tarea para la cual han sido designadas, debo de disciplinarme a mí mismo y adquirir el primero de mis nuevos hábitos."
Og Mandino.

"Si no has llegado donde quieres llegar y no estás donde quieres estar, SIGUE BUSCANDO y aprende de lo desconocido.

Para encontrar hay que ver, para ver hay que creer, para creer hay que desear."

"En el viaje de mi vida puedo guiarme por la brújula de mi corazón, o las indicaciones de mi mente, que son la suma de los consejos que aprendí de personas perdidas, que me indican los caminos que solo llevan a Roma."

"Lo que ya sé, es lo que me mantiene donde estoy. Lo que todavía no sé y lo que me falta por descubrir, es lo que me llevará a la vida que deseo."

Así que como decía un viejo amigo de Ángel;,
"Si me da miedo, lo haré con miedo. Si me aterra, lo haré aterrado. Pero siempre lo haré y nada me detendrá, pues nada da más terror que seguir viviendo cada día del resto de mi vida una vida que no es mía y que no deseo, o dejar de vivir la mejor vida que puedo llegar a vivir. Y peor aún es imaginar lo que me espera mañana si no hago algo "hoy" para cambiarlo, o si me quedo conforme con la vida que tengo ahora y perder la oportunidad de vivir mis sueños."

"No tengas miedo de renunciar a lo bueno, para conseguir lo grandioso."
John D. Rockefeller.

Claro que Yo ya he empezado a leer este libro, así que no tengo problema, pues al seguir leyendo, si o si mi vida va a ir cambiando a lo largo de las próximas semanas, los próximos días, horas, y minutos, a partir de este instante. O lo que es lo mismo, este instante envuelto en el espejismo del tiempo, irá cambiando por decisión mía a partir del nuevo conocimiento que adquiera y activado por la energía que le aplique, que no es más que la intensidad de mis deseos.

Todo evento en la "matrix" depende de la información que tenemos y la intención, energía o deseo que aplicamos para crearlo.

"El tiempo no existe, vivimos en un momento eterno, un día infinito donde la luna y la noche existen para crear la ilusión del tiempo.
No envejecemos, nos proyectamos viejos.
No nos enfermamos, proyectamos nuestras emociones en negativo.
No vivimos, porque no hay muerte.

Somos extensiones del "Creador," experimentando el Universo desde infinitas perspectivas diferentes".

A partir de hoy cada día de mi vida será diferente.

Si realmente no te gusta algo de tu vida te tengo una noticia maravillosa. "Si no te gusta algo de la vida que tienes, no te preocupes, nada va a seguir igual. Tu vida va a cambiar si o si. "Tu situación se va a poner peor todavía, si no haces nada. O mi vida va a cambiar y mejorar, si cada día hago algo para que mejore. Lo que sí es un hecho, es que mi día de "mañana" no va a ser exactamente igual al día de hoy."

Todo en esta vida se puede mejorar o empeorar, nada en esta vida es fijo, definitivo o se queda como esta por mucho tiempo, lo que significa que siempre hay una manera en que YO PUEDO hacer mejor aquello que es importante para mi, y que YO DESEO MEJORAR. Y si todo en mi vida se puede mejorar, cada día de mi vida es una nueva oportunidad para mejorar un poco más mi vida, o mejorarla mucho, en aquello que Yo desee mejorar, y si lo hago de forma constante cada "día," un día tras otro, pronto tendré los resultados que deseo y la vida que deseo, y de lo que siempre estaré seguro es que mi vida será siempre mejor que el día anterior, y esto me hace sentir feliz.

El Progreso y la evolución en mi vida es una de las cosas que me da la "sensación de felicidad" y la satisfacción personal.

También se puede no hacer nada, es otra opción. Puedes "terminar el día" sentado, mirando la tele, para luego irte a dormir hasta que decidas que ha comenzado tu "nuevo día" y vivir una experiencia similar otra vez, día tras día, atrapado en "tu ilusión" de lo que es la vida.

Creo que es algo parecido a lo que se refiere Robert Kiyosaki o

Jose de Jesús Bobadilla cuando hablan de la carrera de la rata.

Quizás no puedo cambiar toda mi vida en un instante (o quizás sí ;), aunque lo que sí puedo hacer desde este mismo momento es decidir cambiar el rumbo al que apunta mi vida, y comenzar a caminar sin parar en esa dirección. Un paso a la vez, "eso sí es fácil". Y lo que ocurrirá, no solamente será que cada día estaré más cerca de la vida que deseo, además cada día estaré más lejos de la vida que no deseo.

Cambiar da miedo, lo desconocido da miedo, pero para algunas personas da menos miedo que seguir repitiendo día tras día otro día parecido al anterior.
Iniciar el camino de la felicidad es muy fácil, solo hay que apuntar en la dirección adecuada y dar un primer paso.

Primer paso: "Sonríe tanto como puedas, hazlo cada vez que te des cuenta que no lo estás haciendo :)"

No importa en qué condiciones estemos, podemos sentirnos más felices e ir mejorando nuestra situación. Solo se pierde, se fracasa, cuando alguien se rinde o ni siquiera lo intenta. Si ni siquiera lo intentas ya estás en la situación del fracasado pues es donde vas a estar si lo intentas y fallas, así que ¿Qué importa? ¿Qué puedes perder? dale al menos una oportunidad.

Las limitaciones que creo que tengo "no son reales," se me programaron junto con el miedo a fracasar.

Nacemos curiosos, sin "*miedos", con muchas ganas de aprender y no nos importaba equivocarnos, intentamos las cosas una y otra vez. En esta etapa relacionamos el proceso del aprendizaje con una serie de intentos sucesivos para mejorar y mejorar nos provoca una emoción de satisfacción y placer.

Nuestro cuerpo y nuestra mente no se creó para sobrevivir, se creó para evolucionar. Y esto lo probaremos más adelante.

(* No existe algo llamado miedo en general. El miedo no es una cualidad, una deficiencia o discapacidad. Cada miedo es diferente y son "programas" programados en nuestra mente de forma independiente. El miedo es aprendido de otras personas, no nacemos con él. Observa un bebé o un niño y averigua a que siente miedo. "La prudencia, es diferente al miedo".)

A medida que crecemos el sistema actual necesita frenar nuestro aprendizaje, creatividad, curiosidad y nuestra capacidad para pensar, para que así dejemos de aprender más de lo necesario. Ellos ya tienen planes para nosotros. Necesitan que tengamos solamente la información justa para realizar la tarea que ya tienen asignada para cada persona dependiendo de donde nace; país, área y estrato social. Esta es la tarea donde trabajaremos toda la vida.

En el proceso de aprendizaje en el sistema nos enseñaron a relacionar el proceso natural de aprendizaje de prueba y error con la palabra fracaso, y la emoción de miedo y rechazo que va asociada a ella, para que el solo hecho de pensar en experimentar y aprender algo nuevo nos diese miedo y nos produjera dolor.

De esta manera las personas dejan de querer aprender y ser curiosos, evitan buscar cosas nuevas, y prefieren quedarse en lo que se llama nuestra zona de confort. Y no se llama zona de confort por que las personas se sientan confortables en esta zona, no es que estén bien ahí, si no porque es más confortable que el dolor y el miedo que da el intento del cambio.

El sistema no tiene que calificarse como malo, es un sistema muy "útil para alguien." El sistema es una gran empresa que para sostenerse necesita preparar empleados y colocarnos en el lugar en que necesita que permanezcamos haciendo nuestro trabajo hasta ya no somos útil para ellos.

El sistema es una gran empresa que nos enseña a trabajar, no a vivir. El sistema no enseña crecimiento personal, eso depende de cada persona.

Enseñar a vivir no es una responsabilidad del sistema, es responsabilidad de los padres. Aprender a vivir y crecer personalmente es responsabilidad de cada uno de nosotros. Ser feliz, también es mi responsabilidad, y de nadie más.

Equivócate lo antes posible, todo lo que puedas, pues tras la equivocación está lo que te falta por aprender para lograr lo que deseas.
Will Smith.

Aquellos que han logrado lo que se han propuesto nunca se rindieron, y esto no significa que no se equivocaron, lo cierto es que se equivocaron montones de veces pero siguieron intentándolo, insistieron una y otra vez después de cada intento fallido hasta lograr lo que deseaban. Los que se rindieron y se cansaron de intentarlo nunca lograron conseguir lo que se proponían, de hecho, todo lo que Yo he logrado en mi vida ha sido porque nunca me di por vencido hasta conseguirlo, todo lo que he logrado ES PORQUE YO INSISTÍ UNA Y OTRA VEZ, HASTA LOGRAR LO QUE ME PROPUSE, Y LLEGÓ EL MOMENTO EN QUE LO CONSEGUÍ. Y el hecho es que he conseguido muchísimas cosas a lo largo de mi vida, y esto me convierte en un ganador.

Las veces que no he logrado algo en mi vida, es porque ni siquiera lo intenté, o no lo intenté lo suficiente, o deje de intentarlo antes de conseguirlo, lo cual significa que "TODO LO QUE YO ME HE PROPUESTO LOGRAR Y HE PERSEVERADO, INSISTIDO LO SUFICIENTE, Y EL TIEMPO NECESARIO HASTA TERMINAR, LO HE CONSEGUIDO." por lo tanto puedo decir de mí mismo que YO SOY UN GANADOR.

Todo lo que realmente me importaba y me he propuesto lograr, lo he conseguido.

Tengo que ser honesto conmigo mismo, la verdad es que aquello que un día me propuse y no lo logré es porque en realidad no me importó lo suficiente, no estaba realmente interesado ni mucho menos comprometido y tampoco me importa mucho ahora, porque si fuese así, seguiría insistiendo.

Es importante dejar ir las cosas que realmente no nos importan, quizás parezca que eran importantísimas en un momento dado, pero cuando nuestro corazón no está dispuesto a dejarlo todo, sacrificarlo todo por conseguirlo, es mejor dejarlo ir. Quizás no sea el momento, y "si realmente es una parte importante de nuestra vida y una experiencia que debamos vivir, en vez de olvidarlo seguirá en nuestro corazón esperando el momento adecuado que el universo tiene preparado para nosotros". Otras veces sencillamente hay que saber dejar ir. Acuérdate, "No tengas miedo de dejar ir algo bueno para conseguir algo mucho mejor."

El fracaso, fallar, equivocarse no es el final, es el comienzo de un nuevo intento para el que ahora estoy mejor preparado y tengo más experiencia.

En este curso aprenderemos lo importante que es fallar y equivocarse, y aprenderemos a caer y levantarnos con estilo :)

Aprender a ser feliz merece la pena todos los intentos fallidos que nos lleve lograrlo.

"La felicidad se aprende, aprende a ser feliz"

Nota.

El autor no trata de hacer una crítica del mundo en que vivimos la mayoría de los seres humanos o de cómo funciona, sencillamente explica por qué nuestro pensamiento es tan limitado, por que pensamos, creemos y sentimos que no podemos.

Más adelante nos daremos cuenta que somos ilimitados, cada uno de nosotros.

Fuimos creados para evolucionar, crecer y crear de manera infinita en un Universo infinito. Lo que ocurre es que algo o alguien "necesita" que vayamos en contra nuestra de naturaleza, tengamos miedo y no evolucionemos.

Nos necesitan limitados y controlados, para crear su propia versión de lo que para "ellos" es la vida.

"El opuesto del amor no es el odio, el opuesto del amor es el miedo."
Wine Dyer.

"El opuesto de la vida no es la muerte, el opuesto de la vida también es el miedo."

Capítulo 1

La vida es un juego, no te lo tomes personal.

La vida es un juego en el que nunca se pierde mientras sigas jugando. En la mayoría de los juegos tienes tres vidas y después de fallar por tercera vez, el juego se termina, muerto, fin del juego, Game Over.

"La vida es un juego en el que tengo vidas ilimitadas."
Puedo tratar una y otra vez, intentarlo tantas veces como quiera hasta lograrlo.

A diferencia de lo que nos enseñaron de que solo hay tres oportunidades como en los juegos, los exámenes de la escuela, las competiciones, etc. la vida me da infinitas vidas, infinitas oportunidades para intentar y equivocarme tantas veces como necesite y me haga falta hasta lograr el resultado que deseo lograr.

"Nunca tengas miedo a morir, pues no podrás morir hasta el momento en que te corresponda, y cuando llegue ese momento, no habrá nada que puedas hacer para evitarlo. Así que vive tranquilo, y muere en paz."

"En la vida nunca te faltará lo básico para sobrevivir, así que no te preocupes por sobrevivir, preocúpate por crecer cada día un poco más."

"Muchísimas personas en este mundo, alguna vez dedicaron 24 horas al día, 30 días al mes, a pensar cómo llegar a fin de mes. ¿Adivina que? Todas ellas lo lograron."

Si el juego que tu eliges es sobrevivir ese será el juego que jugarás toda la vida.

Ahora todas esas personas viven toda su vida esclavos de esos hábitos. Hacen lo mismo cada mes y llegan a fin de mes Justitos, sin que nunca les sobra nada y nunca les sobra nada.

También Napoleón Hill, en su libro "Piense y hágase rico" escribió este poema de un autor desconocido.

«*Le discutí un penique a la Vida,*
y la Vida no me dio más,
por mucho que le imploré a la noche
cuando contaba mis escasos bienes.

Porque la vida es un amo justo
que te da lo que le pides,
pero cuando has fijado el precio
debes aguantar la faena.

Trabajé por un salario de jornalero
sólo para descubrir perplejo
que cualquier paga que hubiera pedido a la Vida
esta me la hubiese concedido de buen agrado.»

"Lo bueno es que Yo puedo cambiar de juego y elegir de nuevo otro juego que desee, cuando lo desee y en el momento en que yo desee."

En la vida solo pierdes cuando te rindes, cuando te cansas de intentarlo, cuando me aburro, cuando el esfuerzo a lograr es mayor que el premio que voy a conseguir, y la verdad dejar de luchar por algo que no me merece la pena y no me hace feliz es algo muy inteligente.

SI ALGO NO ME HACE FELIZ, LO MÁS PROBABLE ES QUE NO MEREZCA LA PENA, SI EL RESULTADO A CORTO O MEDIO PLAZO NO ME HACE FELIZ, es que a mi no me conviene y lo más probable es que alguien me ha convencido de que lo haga, porque Yo, por mi mismo no lo haría, no sacrificaría tanto tiempo y esfuerzo en lograr eso, si fuese por mi estaría invirtiendo ese tiempo y ese esfuerzo en lograr otra cosa que a mi me hiciese feliz. Así, si lo que Yo estoy haciendo no me hace feliz al hacerlo, no me va a hacer feliz a medio plazo y realmente no me estoy beneficiando de ello, significa que alguien más sí se está beneficiando, y ese alguien no soy Yo.

Detrás de todo lo que hacemos que no nos gusta hacer, hay una persona que insiste en que lo sigamos haciendo, y esa es la persona que se beneficia de ello y está usando mi vida para lograrlo.

Detrás de todo lo que hago que me hace feliz, además de mi, habrán muchas otras personas que también se beneficiarán de lo que hago y de mi felicidad.

"No hay negocio malo, solo malas maneras de hacer un negocio."

Piensa en alguna actividad, un negocio, una profesión, la que sea. Seguro que podrás encontrar personas muy exitosas, quizás millonarias o billonarias que se dedican a eso y además son felices, otras que les va muy bien, otras bien, otras medio bien y otras que no les va nada bien, son pobres, o no son felices. Lo que quiero dar a entender es que no es a lo que te dediques lo que te dará el éxito y la felicidad, pues la actividad es la misma para todos.

Lo que me dará el éxito, la felicidad y la riqueza, es hacer lo que me dice el corazón que debo de hacer, aquello que me hace sentir feliz mientras lo hago, y al llegar la noche deseo que llegue el día siguiente para retomarlo de nuevo, aquello que hace que cada día de mi vida sea apasionante y merezca la pena vivir un día más. Todo lo demás lo haces porque te han convencido que debes de hacerlo, que es lo mejor para ti o piensas que es tu mejor o tu única opción.

Déjame decirte, que no importa lo que me digan y aseguren, en algún lugar del mundo, quizás no lejos de aquí, hay muchas personas viviendo felices haciendo lo que a mi me gustaría hacer, pensando como yo pienso y rodeados de personas que las aman por lo que son, sin ponerles condiciones.

"El amor no es interesado, el amor es incondicional. No se ama a una persona por lo que hace, se las ama porque son seres humanos."

La persona no está mal, quizás son sus acciones aprendidas de alguien más las que pueden ser incorrectas y las que quizás, pudieran ser juzgadas.

"Nunca debo sacrificar mi felicidad por agradar a alguien, pues ninguna persona que me quiera me pedirá que sacrifique mi felicidad y mi vida, para que ella pueda tener lo que desea o quedarse tranquila."

"Mi vida se creó para mí, el universo creó un espacio y un momento en el tiempo en este universo, para darme la vida que he venido a vivir, y el propósito primero en mi vida para lograr todo lo demás que he venido a lograr, es ser feliz." Más adelante entenderemos por qué es así.

Ya veremos que el objetivo principal de mi vida es sentirme feliz, y esta emoción es la guía, la señal que me indica que estoy viviendo mi propia vida, como la debo de vivir, y si no me siento feliz es que no estoy viviendo mi vida, estoy viviendo un papel secundario en el juego de la vida de alguien más, estoy viviendo la vida que alguien más necesita que Yo viva.

La vida es un juego, no te lo tomes personal.

LA VIDA NO VA CONTRA MI, LA VIDA VA A PROBARME SI DE VERDAD DESEO VIVIR UNA VIDA MARAVILLOSA, APASIONANTE Y FELIZ o si voy a renunciar a una vida así y solamente esforzarme lo justo por tener una experiencia mediocre de este mundo y mi existencia en él. Si estoy dispuesto a hacer lo necesario para tener la vida más maravillosa que puedo vivir, me iré con un recuerdo inolvidable y maravilloso de mi existencia en esta esfera de colores.

Las cosas buenas de la vida no son para el que las necesita, son para el que se las merece, para el que se arriesga, sale a buscarlas y hace lo necesario para conseguirlas.

No encuentras lo que necesitas,
"Encuentras lo que buscas"

¿Qué estás buscando? ¿Dónde lo buscas y como?
¿Cuánto lo deseas?

Las cosas que me pasan en la vida no me pasan por casualidad. La vida no pasa por delante de mis por que si, mi vida pasa para mi. Todo lo que me ocurre tiene un significado, un por qué, una función, que es la de hacerme crecer y evolucionar.......

Todo lo que ocurre en mi vida es bueno. Un aprendizaje que me hace mejorar o una bendición, así que alégrate de cada experiencia que tengas por difícil y dura que sea pues detrás de cada problema hay una enseñanza equivalente.
Napoleon Hill.

No desees menos problemas, desea ser mejor, no desees que sea más fácil, desea ser más inteligente, ...
Un problema sólo es algo que no se puede resolver, en el momento en que lo resuelvo deja de ser un problema y se convierte en un conocimiento más que me sirve para avanzar.
En la vida debes de equivocarte lo antes posible y todas las veces que puedas, pues cada vez que te equivocas aprendes algo que te faltaba por saber para lograr lo que deseas.

Explicar el juego de la vida y cómo funciona es otra historia escrita en otro libro que llegará pronto.

AZ Ángel.   El Ángel de la Felicidad.

Capítulo 2

Ser feliz es mi responsabilidad

Ser feliz y lograr las condiciones de la vida que deseo "es mi responsabilidad". La felicidad es algo que solo Yo puedo conseguir, no depende de nadie más que Yo sea feliz y no le corresponde a nadie más hacerme feliz, y lo fantástico de que no dependa de nada ni de nadie, más que de mí mismo, es que no tengo que esperar a que alguien venga y haga algo, me den algo, o que algo ocurra en el mundo fuera de mi, para Yo poder ser feliz. "Yo tengo todas las capacidades, todo el poder y todo lo necesario para sentirme feliz cuando Yo quiera," y también para lograr cualquier cosa que Yo deseo lograr, y a medida que leo y aprendo este libro me iré convenciendo de que esto es real.

Lo cierto es que no tengo límites.
"Las discapacidades son mentales,
mis límites los pongo YO."

"Si deseo algo solamente tengo que creer que es posible para mi y mi deseo se hará realidad. Si deseo plantar un manzano y comer sus manzanas primero tendré que plantar la semilla, luego tendrá que terminar de crecer el árbol y después, crecer y madurar las manzanas. Hay quién mejor desea plantar fresas para que su deseo se cumpla más rápido."

"No hay ninguna pastilla que te convierta en doctor. No hay ninguna receta que te transforme en chef. No hay una rima única que te defina como poeta.

El Amor, la Amistad, La Paz interior, el Bienestar, la Felicidad, el Éxito y todo lo que merece la pena en esta vida, no son un evento, son un proceso que requiere mucho aprendizaje y dedicación."

Alguien puede hacerme reír, me pueden hacer sentir bien, me pueden divertir pero que Yo sea feliz o no, no depende de nadie ni es responsabilidad de nadie. Si Yo no he sido feliz en algún momento, eso fue una decisión mía.

No importa que es lo ocurriese en mi vida o de quien fue la culpa de lo que ocurrió, la culpa y la responsabilidad no vienen juntas cuando se trata de emociones, y hacer que alguien pague por algo ocurrido en el pasado no trae felicidad a nadie en el presente. Nadie va a venir a rescatarme y hacerme feliz, ni Yo puedo hacer feliz a nadie, nadie es responsable de mi felicidad ni Yo soy responsable de la felicidad de nadie. Yo soy la única persona que puede cambiar la forma en que me siento, y si deseo ser Feliz, Yo soy quien tiene que tomar esa decisión.

Hay algo muy personal que yo se de todos los Seres Humanos y que todos sabéis de mi y es que "todos, absolutamente todos" deseamos ser más felices, deseamos sentirnos más felices y nos encanta la sensación de la felicidad, y la razón es que en realidad necesitamos ser felices para poder vivir.

"Al sentirnos felices, en ese preciso momento tenemos la sensación de que estamos viviendo nuestra propia vida."

En esta frase hay dos conceptos claves para nuestra existencia; "estamos viviendo" y "nuestra propia vida."

Estamos viviendo significa que estamos progresando, creciendo, "evolucionando" como seres humanos, evolucionando emocionalmente, físicamente, espiritualmente, vocacionalmente, evolucionando en la mejora de las relaciones humanas, como familia, como amigos, como sociedad, estamos evolucionando en nuestro propósito, que es hacer este mundo un poco mejor de lo que lo encontramos al llegar, y toda esta evolución empieza dentro de nosotros y termina en todos. Evolucionar es "servir," y servir es llegar a ser lo mejor y más feliz que pueda llegar a ser, y entonces compartir lo mejor de mí con tantos seres humanos y tantos seres vivos como pueda :). En realidad no hay felicidad si no la comparto con los demás, y definitivamente hay felicidad si Yo puedo sentir la felicidad dentro y fuera de mi, lo cual significa que existo, que estoy vivo y que estoy compartiendo mi felicidad con otros seres humanos y otros seres vivos.

Yo soy el único que puede vivir mi vida y también soy Yo el único que decide si vivir mi propia vida o vivir la vida que a los demás les conviene que viva.

"No esperaré nunca más a que alguien venga a hacerme feliz algún día, hoy es el día, y este es el momento en que Yo decido comenzar a sentirme y vivir feliz cada momento de mi vida, por el resto de mi vida."

Capítulo 3

En la vida puedo tener razón, o tener el resultado que deseo.

Recuerda que hablamos sobre felicidad :)

Dicen los que saben, que la felicidad está relacionada con la manera en que te relacionas con las personas a tu alrededor. Aquellas personas que siempre tienen que ganar, cada conversación, cada juego, siempre quieren tener razón y creen saberlo todo, por lo general no suelen tener amigos y quien no tiene amigos, no es feliz.

Este libro, este curso es una guía útil. No es una guía de la verdad, no tratamos de tener razón ni hacer una demostración científico matemática de que poseemos la verdad absoluta sobre la felicidad, aunque casi que sí :) . Cuando se trata de la mente lo que hoy es una verdad absoluta, mañana será una idea desacertada y obsoleta, totalmente equivocada pues la mente es algo tan complejo, evoluciona constantemente, nos falta tanto por descubrir y hay tantas personas fascinadas con esta ciencia investigando cada minuto del día para encontrar algo nuevo y fascinante, que a cada momento se van descubriendo nuevas maravillas, las cuales hacen darnos cuenta que la mente del ser humano es mucho más compleja y hermosa de lo que creíamos ayer, así que cuando creíamos que la mente había llegado a su máximo potencial, cuando descubrimos que era capaz de hacer cien, entonces alguien descubrió que podía hacer mil, y luego alguien más descubrió que podía hacer mil más, y luego llegaron a la conclusión que el poder de la mente del ser humano es ilimitado, no tiene límites si se sabe usar de la manera correcta, aunque por ahora se dice que hacen falta decenas de miles de años de evolución para alcanzar ese dominio. Aunque quién sabe, quizás alguien descubra mañana que hoy ya es posible :)

Así que el que escribió este libro, no trata de tener razón, trata de hacer que Yo el lector me sienta más feliz y viva una vida plena. Lo que aquí me propones es que primero *"aprenda a creer que Yo puedo ser tan feliz como desee en el momento que desee"* para después aprender los sencillos trucos de magia mental, que logran que mi mente enfoque mis pensamientos en la dirección de la felicidad, y entonces crear la vida donde ser tan feliz como desee, tanto tiempo como desee.

"Aprender a creer, para aprender a crear mi felicidad."

Qué más da, si es cierto o no lo que dice este libro. Quizás parte es real y parte ficción, qué más da si tenemos razón o no, qué más da lo que sea si al final consigo ser más feliz.

No tratamos de tener razón en lo que decimos en estas páginas, tratamos de hacer más feliz a todo el que lo lee y crear un mundo feliz y mágico para todos.

En realidad Yo sí tengo la razón, todos la tenemos, y cuando encontramos que otra persona puede tener razón, absorbemos esa idea, la hacemos propia y de nuevo tenemos la razón. Así que qué más da quien tiene la razón, ¿Por qué tener razón es tan importante? ¿y si no tuviese la razón? ¿A quién le importa? Al final lo que importa es que lo que Yo pienso me haga feliz, y si lo que pienso no me hace feliz, para qué quiero tener razón.

¿Qué prefiero, tener razón, o conseguir el resultado que deseo?

En la vida, puedo tener razón casi siempre o ser feliz, además las personas que siempre tienen la razón no suelen tener muchos amigos o ninguno.

Quizás conozca la respuesta correcta a casi todo, pero si me tomo la vida como una competición y trato de ganar siempre, en realidad lo que estoy haciendo es anular a los demás, y a nadie le gusta ser anulado. Si la conversación trata sólo de mí, o de lo que Yo sé, a nadie más le interesará mi conversación.

"Para hacer buenos amigos, hay que escuchar mucho, hablar poco y tener la razón las veces justas."

Es mejor escuchar más, darle más veces la razón a los demás, te-ner más amigos y ser más felices, ¿Cierto? ¿Tengo razón o no? No, claro que no, tu si la tienes :)

Capítulo 4

La Vida está obligada a darme todo lo que deseo, si se lo pido de la manera adecuada.

y La Vida está obligada a darme todo lo que deseo, si se lo pido de la manera adecuada.

y en las líneas de este libro, si se leer entre ellas, descubriré cómo he de pedirle a la vida lo que desee, pues en cada capítulo de este libro está escrito el secreto para conseguir todo lo que imagine y desee de verdad.

Como las palabras mágicas que abren la cueva de Ali Babá, al descubrir estas palabras, aprenderlas y pronunciarlas, abriré mi propia cueva de los tesoros, donde se esconde todo lo que siempre he anhelado, he buscado, mis deseos más profundos y las respuestas a las preguntas que siempre me he hecho.

Recuerda que la vida juega con nosotros al juego del merecimiento, y como en uno de los antiguos libros del conocimiento el
"Dios creador de todo", nos dice;

"Da un paso hacia mi y yo daré un paso hacia ti.
Tú darás pasos de humano y Yo daré pasos De
Dios, tú harás lo que te es posible, y Yo haré lo
que es imposible para completarlo. Tú planta la
semilla y cuídala, y Yo haré crecer el más grande
de los árboles y lo llenaré de frutos".

Nadie sabe todavía cómo sale un árbol a partir de una semilla,
eso es un milagro, pero lo fantástico es que no tenemos que
saber cómo se crea el árbol, lo único que tenemos que hacer es
plantar, cuidar y recoger, y de la parte del milagro ya se encarga el
Universo. Si no hago nada, no ocurre nada. El milagro comienza
cuando Yo comienzo a hacer algo y sigo hasta que se completa.

Yo no elijo los tiempos que tardan en completarse los milagros,
aunque más o menos ya están establecidos. Observa cuánto
tiempo tarda en crecer una flor, el trigo, o un manzano y cuánto
tiempo más tarda en formarse el fruto y madurar o cuanto tarda
en formarse un bebé en el bientre de una madre. Si mi deseo es
parecido a lo que alguien más ya ha logrado, es probable que el
tiempo del éxito del logro, sea un periodo de tiempo similar.
Es importante conocer los tiempos del éxito para no desespe-
rarse, desanimarse y abandonar antes de tiempo, quizás cuando
estaba apunto de lograrlo.

¿Cuántos médicos terminarían la carrera de medicina si no les dijesen cuántos años son necesarios para completarla?

"Busca y encontrarás, llama y se te abrirá, pide y se te dará."

Si, pero ¿Como se pide?

"Cuando desees algo, pídelo como si ya fuese tuyo, y te será concedido."

Si quieres en verdad tener lo que deseas "Se agradecido por lo que sabes que ya es tuyo" dar gracias es la máxima expresión del logro." Si deseas en verdad conseguir algo, siente que ya lo tienes, agradécelo como si estuviera ocurriendo en este mismo momento y mantén ese pensamiento, esa gratitud, el tiempo necesario hasta que se haya materializado aquello que ya has declarado.

No deseas que algo ocurra algún día, siempre desea que ocurra hoy, ahora. Pues ese día, el único momento en que puede ocurrir algo en mi vida, es este momento presente. Si lo que pides lo pides para algún momento en el futuro, nunca llegará lo que deseas, pues en el futuro nunca ocurre nada,

"Todo lo que me ocurre, me ha ocurrido y me ocurrirá, siempre a ocurrido en este instante de mi vida, y no hay otro instante en el tiempo en que pueda ocurrir, pues el único momento en he vivido siempre, vivo ahora y podré vivir el resto de mi vida, es en el momento presente."

El tiempo es solo una ilusión, una trampa.
También lo son la muerte y la materia.

El secreto para lograr cualquier cosa que desee, no es solo desearlo, también tengo que sentirlo plenamente con los cinco sentidos como si estuviese ocurriendo de verdad en este instante, y debo poder visualizarlo como si Ya!, en este instante fuera real, dando gracias desde el corazón, por lo que el universo me ha dado. Si este es el pensamiento más intenso en mi mente la mayor parte del tiempo, el universo comenzará a materializarlo.

"Mi mundo exterior es simplemente un reflejo de mi mundo interior."
T. Harv Eker.

Será que el mundo que veo es solo una proyeccion olográfica de mi mundo interno, que lo proyecto a traves de mis ojos como en una pantalla de cine y que en realidad ahi fuera no hay nada, en vez de estar viendo el mundo exterior a traves de mis ojos y representarlo en mi mente.

Para materializar aquello que deseamos, debemos sentirlo real, sentirlo en el sentido literal, todo mi cuerpo y mi mente debe actuar como que ya es real. Mi forma de respirar, la emoción, el palpitar de mi corazón, la expresión de mi cara, las postura de mi cuerpo, los sonidos que escucho cuando se materializa, la energía dentro de mi y en el entorno que me rodea, y sobretodo y por encima de todo la sensación de agradecimiento acompañada de la palabra "Gracias," con el éxtasis de la emoción del logro que con ella viene. Y sostén ese momento tanto tiempo como puedas, tantas veces al día como te sea posible, y siempre antes de dormirte y justo al levantarte, pues el universo materializa aquellos pensamientos que más tiempo tenemos presentes en nuestra mente y provocan en nosotros las emociones más intensas, ya sean de deseo, felicidad o miedo.

No has visto alguna vez en alguna entrega de premios, como la persona que recibe el primer premio, el trofeo o medalla, suele decir; "No podéis imaginar cuántas veces he soñado con este momento y cuántas veces he sentido tener este premio en mis manos."

"Solamente aquel que siente sus deseos como si ya fuesen suyos, es el que consigue que se materialicen."

Si creo que algo es posible para mí, tendré razón. Si creo que no me es posible para mi, también tendré razón, pero al final, todo aquello que logrado y lograré en mi vida, fue o será aquello que creo que es posible para mi.
Si no creo que es posible ni siquiera lo intentaré. Si de verdad lo creo posible y lo deseo con todo mi corazón, buscaré la manera de conseguirlo y lo intentaré hasta lograrlo.

De hecho, esto ocurre a cada instante en mi vida y la de todos los seres humanos, "somos lo que creemos que podemos llegar a ser en este momento", hacemos todo lo que creemos que nos es posible hacer en este momento, ganamos el dinero que pensamos que podemos ganar ahora y tenemos la mejor pareja que pensamos que podemos tener en nuestras condiciones.

Todos podemos justificar lo que creemos, y lo cierto es que las excusas suenan maravillosamente bien para el que las dice.

"Soy aquello que creo que es posible para mi, soy en este momento lo que creo que soy, puedo hacer lo que creo que puedo hacer, pues mi mundo exterior sólo es una proyección de mi mundo interior.
Cuando cambie mis creencias sobre mí mismo y como creo que es mi mundo, cambiará mi mundo y cambiará mi vida, es así de simple."

Ejercicio para materializar los deseos que me hacen feliz.

IMAGINA UN DIBUJO DE UN LIBRO DE HECHIZOS BUENOS.

ES QUE NO ME DIO TIEMPO A DIBUJARLO :)

Imagino que tuvieses la varita mágica de los deseos y pudieses pedir tantas cosas como quiera, y lo único que tengo que hacer es imaginar lo que deseo como si ya lo tuviese en mis manos o ya hubiese ocurrido, verlo real delante de mi en el momento presente, verme en ese lugar, en ese momento en primera persona siendo ese momento justo ahora y ese lugar donde estoy ahora. Sentir como si estuviese ocurriendo ahora y sonreír, sentir la emoción de la felicidad, sentir un amor muy intenso y agradecer desde el fondo de mi corazón al "Universo, Dios, la sabiduría infinita, a mi mismo o a quien Yo se que puede hacerlo posible", sentir mucho agradecimiento y repetir la palabra gracias una y otra vez.

Mantener ese pensamiento, ese estado de agradecimiento, visualizando lo que deseo varias veces al dia y durante al menos cuatro minutos.

Declaración del deseo.

Ahora vamos a avanzar un paso más, vamos a declarar el deseo como si fuera un echizo mágico.

Una vez que tenemos claro nuestro deseo hemos de escribirlo y seguidamente escribir también que es lo que estamos dispuestos dar o hacer a cambio de que este deseo se materialice. Como dicen los más sabios; "Nadie da nada a cambio de nada."

Al escribirlo el deseo y el compromiso con el universo, ya estará declarado, como un hechizo mágico.

Bien, ahora debemos leer y repetir lo que hemos escrito varias veces al día, tantas veces como podamos y al menos las tres veces al día más importantes;

1. Al acostarnos, para que nuestra mente inconsciente al conectarse con el universo mientras dormimos pueda darle este mensaje al creador de sueños.

2. Al despertar, para nada más comenzar el día recordarnos cuál es nuestro propósito principal de ese día, la razón por la que vamos a dar lo mejor de nosotros este día, y para que nuestra mente consciente se enfoque en encontrar las oportunidades, los recursos y conectar todo aquello que hará que se vaya tejiendo nuestro deseo.

3. Otros momentos a lo largo del día, al menos una vez más, para que el universo reciba el mensaje que este es nuestro deseo más intenso y nuestro pensamiento principal, ya que el universo va materializando aquellos pensamientos que más presentes están en nuestra mente a lo largo del día y la noche.

En muchas culturas llaman a este ritual, oración. La diferencia es que esta es nuestra oración personal y se ha escrito y declarado por nosotros.

Un deseo es mucho más poderoso cuando dos o más personas lo piden juntas. La intensidad de la fuerza del deseo no se multiplica solamente por dos cuando lo piden dos personas, la intensidad se multiplica por mil veces dos.
Esto es algo parecido a lo que Napoleón Hill llama "La Mente Maestra."
Puede que suene a cuento de Hadas , pero ¿Y si funcionase?

Napoleón Hill entrevistó a más de las 500 personas más exitosas de su época y todas ellas le explicaron que realizaban un ritual muy parecido a este para lograr sus deseos.
Hay personas que además utilizan un mapa de sueños :)

Muchas de las personas mas exitosas y felices de hoy en día, y que han escrito los secretos de su éxito, dicen que han logrado muchas de las cosas que deseaban en la vida gracias a este ejercicio o uno parecido.

Quizás me funcione a mí también :)

La mayoría de las personas que no logran sus sueños es porque para lograrlos, hacen lo que hace la mayoría; que es escuchar los consejos de otras personas que no tienen sus sueños cumplidos o piensan que esto es imposible.

"Si escuchas los consejos de tu vecino para lograr sus sueños, siempre serás su vecino."

Solo escucha los consejos de aquellos que ya han cumplido sus sueños.

La magia solo funciona para aquellos que creen en ella.

Capítulo 5

Los 7 cerebros que afectan mi mente y crean mi vida en este mundo.

El séptimo cerebro es el de el Creador que creó todo esto. "El/ Ella / Ello, el Tao, el Todo o como quieras llamarlo," ya tiene un plan y sabe todo lo que va a ocurrir. "El" conoció el principio y ya sabe cual es el final. Para "El" lo que va ocurriendo, lo que hagamos todos los demás entre tanto es irrelevante, ya que nada de eso puede cambiar los planes del creador, y como el tiempo no existe y la existencia es infinita Ella/El/Ello no tiene prisa. Claro que tampoco existe la prisa cuando no hay tiempo. Pero en esta parte no vamos a hablar de la inteligencia que creó todo esto.

Bueno, por ahora también nos saltamos el sexto cerebro y el quinto para no liarnos :)

El cuarto cerebro o cuarta inteligencia está fuera de nosotros (Esto es una opinión personal, como todo lo demás del libro, claro está :) Esa cuarta inteligencia es lo que llamaríamos nuestra alma, y es la inteligencia que debería estar guiándonos en esta vida para cumplir nuestro propósito. El caso es que solo puede conectarse a nosotros cuando nuestro cerebro principal está activo y tiene el control de nuestro cuerpo y eso es algo no ocurre casi nunca en la mayoría de las personas.

En nuestro cuerpo tenemos tres cerebros principales que están en nuestra cabezota. Si es cierto que hay otras partes de nuestro cuerpo que son inteligentes, como nuestros intentisnos, que es donde comienzan a proyectarse las emociones en nuestro cuerpo antes comenzar a moverse por el hasta su destino correspondiente, y donde se producen algunos de los químicos más importantes para el funcionamiento de nuestra mente, aunque quizás hablemos de eso en otros capítulos.

Hablemos de los tres cerebros de nuestra cabezota. Uno de ellos, lo mueve el miedo, otro la duda y otro el amor, y cada uno de ellos tiene una función específica y se activa con la cantidad de energía adecuada para cada uno.

El cerebro que funciona con el amor, se conecta con nuestra alma, y nos permite ser felices, es el cerebro que nos hace humanos. Este cerebro es el único de los tres que puede pensar. Fue creado en nosotros los seres humanos para evolucionar, no para sobrevivir.

No fue creado para adaptarse al medio y sobrevivir, como aparentemente lo hacen los demás seres vivos, este cerebro ha sido creado para crear el medio y vivir a plenitud.

Es el que tiene la curiosidad, la creatividad, sabe que forma parte de un todo y se conecta con todo y lo ayuda a evolucionar para evolucionar el con el todo, es el cerebro que ve la oportunidad detrás de los retos de la vida, el que se atreve a todo por que sabe que todo es posible para el.

Es un cerebro que no tiene miedo y no tiene miedo porque el miedo no está programado en él, funciona desde el amor y está conectado con el universo.

El caso es que este cerebro necesita cierta cantidad de energía para funcionar, una cantidad de energía mucho más elevada para funcionar, mantenerse plenamente activo y tomar el control de nuestro cuerpo y nuestra mente. Si la energía baja de cierto nivel, pierde el control, y nuestro cuerpo y nuestra mente pasa a funcionar solamente en piloto automático o gobernada por el miedo.

Por ahora sólo necesitamos conocer esto.

"No fuimos creados para sobrevivir, fuimos creados para evolucionar."

AZ Ángel.   El Ángel de la Felicidad.

Capítulo 6

El origen del conocimiento de la felicidad

Este Libro es parte de la Guia Súper Fácil de la felicidad, apenas una pequeña introducción donde aprendo a creer que lo que deseo que es posible para mí, en este caso que me es posible ser feliz.

El segundo paso es cuando aprendo como soy feliz ahora, y como es que ya tengo una vida feliz en este momento. ¿Ser feliz ahora? ¿En este momento? ¿Soy en verdad feliz ahora y no me doy cuenta?

Si en algún momento de nuestra vida hemos hecho algo, o sentido algo, significa que ya lo tenemos programado en nuestro cerebro, por lo tanto podemos repetirlo cuando lo deseemos, pues ya conocemos el proceso para hacerlo.

Yo un día fui un niño, y como todos los niños, yo fui feliz, lo que significa que tengo toda la información de la felicidad programada en mi.

¿Y cómo se activa la felicidad que tengo programada desde niño?

Hagamos un pequeño ejercicio:

Si tuviese que interpretar el papel de un niño que está algo triste y de pronto comienza a sentirse feliz, más feliz y más y más feliz hasta que se siente en un estado de felicidad total ¿Que es lo que tendríamos que hacer paso a paso, para pasar de estar normales, desanimados o tristes a estar muy muy muy feliz?

Si alguien me dijese; - Tengo que actuar en una película y tengo que ser tú en esa película. El papel que tengo que hacer es una escena en que estás muy muy feliz. ¿Cómo tengo que hacerlo?

Tomate el tiempo que necesites para responder estas preguntas.

1. Antes de estar feliz.

¿Qué hago "justo antes de estar feliz"?
Gestos corporales, respiración, hacia donde miro, posturas, expresiones de la cara, pensamientos, que me digo... Escribir todo lo que se me ocurra.

-

-

-

2. Cuando empiezo a estar feliz:

¿Como respiro, que imagino, como sonrío, hacia donde miro.....?
-
-
-

¿Cómo me empiezo a poner feliz?
-
-
-

¿Qué siento?
-
-
-

¿Dónde empiezo a sentir la emoción de la felicidad?
-
-
-

¿Como recorre mi cuerpo esa emoción y hacia dónde se mueve para ir aumentando mi felicidad?
-
-
-

2. Cuando ya estoy feliz:

¿Donde siento más felicidad?
-
-

¿En qué partes del cuerpo siento más felicidad y más energía?
-

-

-

¿Cómo es esa emoción?
-

-

-

4. Cuando mi felicidad aumenta más:

¿Qué gestos hago, cómo me muevo, cómo respiro.... ?
-

-

-

¿Cómo es esa sensación de aumento de felicidad?
-

-

-

Puede que al hacerme alguna de estas preguntas, me diga... ¿Pues no lo se?
Si eso me ocurre sencillamente he de preguntarme ¿Y cómo sería si lo supiese? Y responde lo primero que te venga a la cabeza :)

¿Y cómo sería si lo supiese? Esta pregunta activa la creatividad.

Las respuestas a todas estas preguntas, mi propio proceso para comenzar a sentirme feliz, ya lo tengo programado en algún lugar de mi mente y lo curioso es que siempre, siempre, siempre, todos seguimos el mismo proceso personal para entrar en el estado de felicidad, y cada persona tiene el suyo propio.

Esto es muy divertido y muy interesante hacerlo con los niños. Además si conozco el proceso de felicidad de un niño, cuando esté triste, podré ayudarlo a sentirse feliz :)
Quizás pueda usarlo con mis hijos algún día.

Es probable que esta cortita historia me ayude a recordar. Recuerdo un día hace tiempo, haber visto a un niño muy feliz, estaba muy feliz y reía mucho. No imagines a un niño muy feliz riendose mucho, solo lee la historia :) Este niño se reía mucho y su risa era muy muy contagiosa así que comencé a reirme Yo también de escucharlo reír jugando con sus amigos en el patio del colegio, riéndose de algo muy gracioso. Ahora, No voy a pensar en ese niño feliz, en ese niño muy muy feliz riendo demasiado feliz con sus ojos que también se reían felices, respirando feliz y moviendo los dedos de las manos y moviendo los dedos de los pies provocando más felicidad y mas tisa todavía y de pronto su felicidad se multiplicó por dos, y luego volvió a multiplicarse por dos otra vez viendo a sus mejores amigos felices riéndose, todos felices, cantando, bailando y jugando a su alrededor, respirando como respiran los niños muy muy felices.
¿Como respiro cuando estoy muy muy feliz?
Me pregunto cómo sonríen mis orejas cuando Yo me rio, si es cierto que cuando estoy feliz, sonrío y me río también ríen mis orejas y me siento muy muy bien y agusto, emocionado y lleno

de energía, enfocado en leer este libro sobre la felicidad donde estoy aprendiendo de nuevo a activar mi felicidad volviendo a ser feliz aprendiendo a ser más feliz de lo que antes he sido lo que significa que puedo ser feliz ya que si antes he sido feliz y me he sentido feliz muchas veces puedo ser feliz ahora y siempre que desee ser feliz.

Leyendo este libro soy feliz si pienso en felicidad.

¿Como puede ser esto posible?

Yo ya sé que cuando un niño se está riendo comienzan a reírse los demás niños a su alrededor y yo también río en mi mente. Que risa!

¿Y si se riesen todos los niños del mundo a la vez?

¿Cómo suenan todas esas risas de felicidad en el cielo?

Si fueran dos niños felices ¿cómo se sienten? o tres niños felices y yo también estoy ahí feliz riendo con ellos.

¿De qué nos estaríamos riendo en ese momento?

¿Y si nos abrazamos al reírnos juntos, nos sentimos más felices?

¿Por qué me siento más feliz cuando me abrazan con amor?

Si me abrazan uno a uno con mucho amor o nos abrazamos todos juntos ¿Como me siento ahora?

Respiro profundo y tranquilo un par de minutos.......

Yo aún recuerdo la última vez que estuve muy muy feliz y sí, es cierto que tenía una sonrisa en la boca, y respiraba como respiran las personas felices, y me escuchaba a mi mismo diciendo "ahora estoy feliz, me siento feliz y puedo elegir sentirme feliz en cualquier momento de mi vida, en el momento que yo desee" y es en esos momentos en que tengo la certeza que voy a sentirme siempre feliz, Feliz por siempre, porque sentirme feliz es muy bueno para mí, para mi salud física, mi salud mental, mi creatividad, mi memoria y mi atractivo personal pues estar feliz me hace ser una persona mucho mas atractiva, interesante y sexy :).

También recuerdo las veces que me enamoré, me encontré con esa persona tan especial que tanto me gustaba. Me sentía feliz al verla, aparecía en mi vida y en ese momento estaba feliz y todo se veía más bonito a mi alrededor, y ahora se que el momento no crea la felicidad, es mi energía de la felicidad que yo proyecto, la que hace que se creen los momentos mágicos de mi vida.

Cuando generamos la felicidad dentro de nosotros imaginamos momentos felices que proyectamos hacia fuera, creando así más momentos felices de nuestra vida.

"La felicidad viene de fábrica, ya la tenemos programada en nosotros cuando nacemos, así que en realidad en esta guía no estamos aprendiendo a ser felices, estamos recordando cómo ser felices."

AZ Ángel.   El Ángel de la Felicidad.

Capítulo 7

Nuestra felicidad interior, crea nuestro mundo feliz externo.

Wayne Dyer decía; "No debes ver para creer, debes de creer para poder ver."

"Debes de Creer, imaginar y sentir para poder crear."

¿Son las buenas experiencias de mi vida las que crean mi felicidad, o es la felicidad dentro de mí que se proyecta en mi mundo exterior y crea esos buenos momentos que imagino?

Esto es lo que los cientificos llaman la proyección del universo olográfico. El universo no es real,se proyecta desde algún lugar. Nuestra vida se proyecta desde el proyector de nuesta mente, lo que ocurre que la observamos en primera persona y nos da la sensación de que estamos dentro y somos parte de ella :)

"Un momento en la vida puede variar en infinitas maneras, dependiendo de las infinitas circunstancias que pueden ocurrir y hacerlo cambiar."

Imagina una calle donde transitan muchas personas. Dependiendo de lo que haga cada una de ellas, lo que ocurra va a ir cambiando, y si hubiesen hecho algo diferente lo que hubiese ocurrido sería diferente.

Cosa cosa que hacemos afecta al mundo que nos rodea.

Imaginemos un día en que estuvimos en la escuela o en la calle hace algún tiempo. Imaginamos que la persona que más me gusta se acerca hacia mí. Si tengo miedo e imagino que me va a rechazar, ignorar o mirar mal, sentiré una emoción negativa intensa relacionada con el rechazo y eso me hará imaginar escenas mas negativas todavía, ya que mis emociones solo pueden generar pensamientos de la misma naturaleza que ellas. Esos pensamientos junto con la intensidad de mi emoción provocarán que ocurra lo que imagino, Yo proyecto mi mundo interior fuera de mí, así que en realidad ocurrirá lo que yo he proyectado que ocurra.

Ahora bien, si yo estoy convencido de que va a sonreír y me va ha hablar, lo veo con toda claridad en mi mente y siento una emocion muy intensa de feliciad que es exacta a como creo que sentiré en ese preciso momento, entonces Yo influiré en ese suceso, haciendo que cambie mi mundo exterior, creando una nueva realidad.

"El observador y lo observado se convierten en uno y el mundo toma una nueva dirección."
Esto en realidad es física cuántica.

Los científicos dicen que esto solo ocurre al nivel de las partículas más pequeñas, pero en realidad ¿qué somos nosotros y nuestra vida en comparación con el Universo? Somos mucho más pequeños que esas particulas con respecto a nosotros.

Si lo has entendido, ¡felicidades! Eres un campeón.

"Yo soy capaz de influir en lo que ocurre en el mundo exterior, hasta tal punto, que creó los eventos que me ocurren." "Lo que ocurre en mi vida, ya lo he vivido en mi mente momentos antes de que ocurra."

Hay estudios que demuestran que lo que ocurre fuera de nosotros, nuestro corazon ya lo ha sentido 8 minutos antes.

Puede que me digas que podrían haber más personas observando un suceso, unas de ellas de forma pasiva y otras deseando que ocurra algo diferente, y tendrás razón.
Pues bién, es aquí es donde entra lo que Yo llamo "la ley de intención."

"Aquel que tiene la mayor intención = la emoción más fuerte, el deseo más grande, y con más claridad ve en su mente lo que desea que ocurra, es el que más afecta lo observado," aunque lo cierto es que todos los observadores cambiarán esa realidad de algún modo para que tome una nueva dirección.

Todos los momentos felices de mi vida estaban acompañados de un sentimiento de felicidad, ¿Cierto? ¿Es esto una casualidad? ¿Entonces, puede ser la felicidad lo que hace posible esos momentos mágicos? ¿Será que la ENERGÍA de mi felicidad junto a los pensamientos de lo que deseo, es lo que hace que ocurran los momentos felices que tanto deseo y que en ese preciso momento estoy imaginando en mi mente? Si esto es así, si estuviese siempre feliz ¿Cuántos momentos mágicos puedo ir creando y van a ir ocurriendo en mi vida?

¿Es cierto que mi vida es mejor cuando me mantengo feliz? Como cierto es que cuando encuentras a la pareja de tu vida y comienzas a salir con ella, es entonces cuando más personas atractivas te miran con un interés especial ;)

Dicen que las personas mas felices y positivas son las que mas suerte tienen ¿Es esto una casualidad?

La felicidad no solamente mejora mi vida personal, es la energía mágica y pegajosa de la felicidad la que crea y hace posibles los momentos felices de mi vida, y todo mejora a mi alrededor si me siento feliz :)

¿Y si esto es verdad? ¿Y si mis pensamientos junto con mi emoción de felicidad es lo que crea mis momentos felices? Y si las personas que tienen muchos momentos felices, es porque imaginan constantemente lo que desean que les hace feliz y a la vez sienten una intensa emoción de felicidad?

Hay quién llama a esto, "Suerte", o "Ley de la Atracción".

¿Cómo te imaginas a una persona que siempre tiene suerte? ¿Negativa y deprimida? Probablemente no. La mayoría de las personas la imaginan positiva y llena de energía, con la seguridad de que todo va a salirle bién. Si es así la persona como Yo me la imagino, significa que para tener suerte debo de estar positivo, lleno de energía y convencido que van a pasarme siempre cosas muy muy buenas;)

"Atraemos más de aquello que somos. Atraemos más de aquello que tiene la misma energía y vibración que nosotros proyectamos."

Una vez un amigo mío, al finalizar el libro me dijo que tuvo un sueño algo extraño. Era algo así;

"Ángel, Ya comprendí. Sentirme feliz es una opción mía, y aprendí a ser feliz siempre que lo deseo, en cualquier lugar que estoy, estoy feliz si lo deseo, ocurra lo que ocurra Yo estoy feliz siempre, dentro y fuera de mí.

En el sueño veía dos bebés riéndose y no puedo evitar reírme y sentirme feliz al sentir su felicidad y ver a los dos bebés reir, y son felices y se ríen sus orejas, mis orejas se ríen juntas cuando yo sonrío, riéndose conmigo, y mis dedos de los pies se mueven traviesos mientras canto una canción feliz en mi cabeza, esa que siempre que la canto me hace sentir feliz, animado y super bien y salto y bailo y es entonces cuando siento la felicidad fluyendo por todo mi cuerpo.

Nada estaba ocurriendo en mi vida, ni siquiera los bebés existían, los estaba soñando, y en verdad estaba solo, mi mente estaba decidiendo imaginar una realidad que me hacía ser feliz. Entendí entonces que en todo momento que desease sentirme feliz soy feliz, y soy feliz porque puedo ser feliz y deseo ser feliz. Y bueno, Si!, dije "me siento feliz ahora y puedo seguir feliz tanto tiempo como desee, un minuto feliz, una hora feliz, un día feliz, una semana y un mes feliz sí eso es lo que quiero y quiero seguir sintiéndome feliz un rato mas :)

En el sueño en realidad no pasaba el tiempo, todo era el mismo día, el mismo momento infinito con escenas de vida diferentes, y todas ellas ocurriendo solamente aquí y ahora, en este preciso momento.

Miraba el cielo y veía salir el sol, las personas caminando, las nubes del cielo flotando y se ponía el sol y se hacía de noche, salía la luna y luego volvía a salir el sol y volvía a amanecer y volvía a ver a las personas, pero en realidad no era un nuevo dia, era el mismo día, el mismo momento interminable. "Todo ocurría aquí y ahora, como cuando te estoy contando este sueño."

Lo curioso es que yo podía variar lo que ocurría en mi vida y en el mundo dependiendo de cómo observase las cosas, lo que imaginase, lo que desease y lo que hiciese. "Lo que ocurría en ese mundo lo provocaba Yo."

"Era como si la luna y el sol se hubiesen creado solamente para vigilar este mundo y darme la impresión de que los días pasaban uno tras otro, para hacerme creer que el tiempo existe, pero el tiempo sólo es era el mismo instante presente que Yo puedo cambiar a voluntad."

Un día decidí ir rejuveneciendo en vez de envejecer y volví a ser un niño otra vez, luego estaba en el vientre de una madre y luego, en este preciso momento, aquí y ahora era un pensamiento de felicidad.

Desperté feliz y algo confuso, Yo me dije; - Estoy feliz ahora.
¿Será que puedo mantenerme así y estar feliz todo el día?
¿Y si hago la prueba y estoy feliz un día más? ¿Eso sí se puede?
Es muy bueno, es buenísimo sentirme feliz y positivo siempre, eso ya lo sé, ya lo he aprendido. Feliz por siempre como en los cuentos, Feliz como cuando nací y me reía todo el rato
¿Será que se siente muy muy bien sentirme feliz siempre? Como cuando era un niño que jugaba con mis amigos. Si, recuerdo eso. Si! La verdad es que sentirme feliz se siente muy bien :)

Hacemos una pausa:
Respiro tranquilo y profundo, y disfruto un momento tras otro del sentimiento de estar feliz :)

AZ Ángel.   El Ángel de la Felicidad.

Capítulo 8

La felicidad también cambia mi mundo interno.

La felicidad además de sentirse muy muy bien, cambia en minutos toda la química de mi cuerpo haciendo que todo dentro de mí funcione muchísimo mejor, aumenta mi inteligencia y mi concentración, mejora intensamente mi sistema inmunológico, mi ritmo cardiaco, aumenta el oxígeno en todo mi cuerpo, mi elasticidad, mi creatividad, elimina mis miedos, soy una persona más sociable, atractiva y amistosa, aumenta mi fuerza, mi energía vital y todo mi cuerpo comienza a sanar y mejorar en gran manera. Elimina mi estrés y todas las enfermedades asociadas a él, la ansiedad, la depresión, el desánimo y el aburrimiento, y muchísimas mejoras más haciéndome ver el mundo de una manera positiva y lleno de posibilidades para mi. Todos mis sistemas, mis órganos, todas las células de mi cuerpo se potencian y funcionan de manera correcta, mi ADN vuelve a su naturaleza, a su programación original y a medida que todas las moléculas y átomos de mi cuerpo se reciclan otra vez, van formando mi cuerpo de nuevo de forma perfecta, colocándose en su lugar original.

"Lo mejor de todo es que no tengo que esperar a que nada ocurra fuera de mí para generar en mí la felicidad,
mantener el estado de felicidad en mi cuerpo y la emoción de la felicidad en mi mente."

Capítulo 9

Hay una parte de nosotros que mide la felicidad.

En realidad siempre hay una parte de nosotros que está feliz. Hay muchas partes dentro de nosotros y una de esas partes dentro de mí se encarga de sumar la felicidad de todas las demás partes y así medir que tan feliz me siento. Es capaz de sumar la felicidad en cada aspecto de mi vida.

Es cierto que todos los seres humanos, vivimos gracias a la felicidad y la esperanza de la felicidad, así que siempre hay partes que nos hacen ser felices, y siempre tengo un nivel alto de felicidad en alguna de ellas, aunque a veces no lo sienta así y no me de cuenta. El caso es que si no estuviese feliz en algún grado, ya estaría muerto. Es como respirar, no me doy cuenta que respiro aunque eso también me mantiene vivo, y puesto que estoy leyendo o escuchando este libro sobre la felicidad mientras mi voz interior me va repitiendo lo que leo, y además puedo sentir el aire que respiro entrando dentro de mí pasando por mi garganta, mientras mi pecho se va hinchando y mis pulmones se llenan de aire, y al exhalar escucho el aire saliendo de mi y tengo la sensación de que mis brazos se vuelven más ligeros, uno más ligero que el otro cada vez que respiro y esto significa que estoy aquí, estoy leyendo, estoy feliz y estoy vivo. Esta es la razón por la que se que siempre hay varios aspectos de mi vida que me están haciendo feliz de alguna manera en este momento y en cada momento de mi vida, puesto que estoy vivo aquí y ahora.

Si voy dentro de mí ahora, y le pregunto a la parte de mi que mide la felicidad y sabe que es lo que más feliz me hace en este momento;

(Escribe las respuestas a continuación de la pregunta.)
¿Qué aspectos de mi vida personal me hacen feliz ahora?
-

-

-

¿Qué tan feliz me siento ahora con cada aspecto de mi vida?
-

-

-

Y si ahora voy más dentro de mí a algún lugar en el interior de mi mente, a ese lugar donde guardo todas las respuestas y pregunto;
¿Qué es lo que más feliz me hace en este momento en mi vida, y en qué orden van aumentando mi felicidad?
-

-

-

-

-

¿Qué es en particular lo que estoy haciendo para que esto me está haciendo sentir feliz ahora?

-

-

-

¿Que es necesario para sentirme más feliz con aquello de mi vida que ya me está haciendo ser feliz en este momento?

-

-

-

¿Qué tengo que hacer para mantener presente en mi mente todo lo que hay en mi vida que me hace feliz y me mantiene vivo?

-

-

-

¿Cual es mí propósito?

-

-

¿Cual es mí deseo más profundo?

-

-

AZ Ángel.   El Ángel de la Felicidad.

Capítulo 10

Las personas depresivas en realidad sí se sienten felices.

La felicidad no es exclusiva para unos pocos.
La felicidad es para todos.

La felicidad no es exclusiva para unos pocos, la felicidad nos pertenece a todos, todos podemos generarla si recordamos cómo hacerlo, lo que ocurre es simplemente eso, algunas personas han olvidado del todo cómo activar su felicidad consciente, por lo que es imposible sentirse felices o no son consciente de que lo son.

No es que las personas no sean felices, pues la mayoría de nosotros puede escribir una larga lista de montones de cosas que nos hacen felices ahora, lo que ocurre con las personas que no se sienten felices, es que traen al presente aquello que menos les gusta de su vida, crean una gran pantalla ante sus ojos que cubre todo lo demás, y ahí proyectan bien grande y bien clarito lo que les hace sufrir, lo que más les preocupa, sus recuerdos negativos o sus miedos.

Son expertos creando películas de terror que las proyectan una y otra vez en su mente :)

Es mejor proyectar en la pantalla lo que me gusta y me hace feliz, me motiva, me ilusiona y hace mi vida muchísimo mejor.

Las personas depresivas en realidad si se sienten felices a veces a lo largo del día, son capaces de reírse y pasárselo bien en muchos momentos del día, pues si no estarían muertas, lo que ocurre es que su mente, cuando tratan de recordar, no son capaces de recordar los momentos felices. La mayoría de las personas actúan así cuando tiene su energía muy baja, ya que como ya sabemos los pensamientos de felicidad se generan con la emoción de la felicidad que requiere más energía.

Solo podemos tener en nuestra mente de forma continua pensamientos acordes a la energía que tenemos. Si nuestra energía media es muy baja nuestros pensamientos serán tristes o depresivos. A veces pueden tener pensamientos más positivos o de felicidad, generados por subidas momentáneas de energía, aunque enseguida vuelven a su nivel de energía predominante.

Para mantenerse feliz debes tener una forma de vida saludable y natural, simplificar tu vida y alejarte de todo lo negativo y lo que te roba energía.

Todos podemos aumentar nuestra energía.

He aprendido que estoy más o menos feliz en este momento en algún grado y puedo aumentar mi felicidad cuando lo desee; Sonrío y aumenta mi felicidad, es así de simple, levanto mi mirada hacia el cielo y aumenta mi felicidad un poco más, muevo mis orejas y mi felicidad aumenta más, me tiro un pedo y huele mal ¿Yo no se por que hay personas se ríen cuando alguien se tira un pedo? Ese es uno de los misterios de los seres humanos, los demás animales no lo hacen.

Por eso tampoco puedo besarme el codo, y es porque tratar de besarme el codo, el intento de hacerlo si no lo consigo, aumenta mi felicidad, a mí si me da risa :). Todo el mundo sería más feliz si tratase de besarse los codos más a menudo :)

Siempre hay algo que nos hace feliz en algún momento del día e incluso todo el día, lo que ocurre es que no pensamos en ello constantemente, al igual que no pensamos constantemente en el aire que respiramos a cada momento, a menos que nos falte y sintamos que nos asfixiamos, no pensamos en el aire.

Todo aquello que nos mantiene vivos, que son todas las cosas que nos hacen felices y que todos tenemos y necesitamos para estar vivos, son cosas de las que normalmente no somos conscientes, al no ser que nos falten en algún momento de nuestras vida. Y es así porque cuando nos faltan, cuando las necesitamos de verdad, pensar en ellas, pensar que las tenemos de nuevo, o al recuperarlas nos hacen sentir realmente felices.

Es como el náufrago que ve tierra después de días en el mar y se pone súper feliz ¿En qué momento se puso así de feliz anteriormente cuando vio tierra?

Ejercicio para Organizar y Limpiar mi biblioteca mental.

Hacer un dibujo de la biblioteca de mi mente, que a mi se me olvidó ponerlo.

Hoy vamos a aprender como organizar y limpiar mi biblioteca mental, organizar y clasificar nuestros recuerdos, creencias, emociones y pensamientos.

Este ejercicio quizás parezca muy sencillo y básico, pero lo cierto es que funciona, y funciona muy muy bien por simple e irreal que pueda parecer.
La mayoría de las veces las cosas más sencillas son las que mejor funcionan, entre otras cosas porque son simples de hacer.

Mi mente almacena, organiza y archiva todos mis recuerdos como si se tratase de una gran biblioteca, y esta biblioteca está llena de archivos con toda la información de mi vida.

115

Mi mente ha ido organizando estos recuerdos de una manera determinada, que quizás sea útil para recordar y encontrar todos los archivos según su importancia, pero no vamos a hablar de eso ahora. Lo importante es saber que nosotros podemos ordenar nuestros pensamientos de la manera en que sea útil para nosotros.

Imaginemos que esos recuerdos fuesen libros. Hay muchos libros de muchos temas diferentes; hay libros divertidos, de misterio, interesantes, de amor, aventuras, logros, otros de risa, de enseñanzas, etc. Son libros que nos hacen sentir bien o son útiles.

Hay muchos otros libros (pensamientos) que no sirven pues su información está desactualizada, como creencias que teníamos en otra época y que ahora hemos cambiado, también hay libros de desamores, engaños, derrotas, rechazo, humillaciones, abandonos, injusticias, traición y que al leerlos de nuevo (al recordar) nos causan dolor, tristeza, son hacen sentir mal e incluso los hay que bloquean nuestra vida y hasta nos enferman.

La buena noticia es que podemos organizar a voluntad estos archivos o libros mentales de historias de nuestra vida de la manera en que nos sean más útiles. Si queremos incluso podemos borrarlos, cambiar la emoción que nos hace sentir esos recuerdos o reescribirlos creando recuerdos nuevos que los sustituyan.

Si tuvieses una biblioteca real donde la mitad de los libros no sirven realmente para nada y me hacen sentir mal, ¿leería esos libros otra vez? ¿Los tiraría a la basura o los ignoraría?

Por supuesto que no los volvería a leer, quién perdería el tiempo leyendo literatura basura cuando puedo invertirlo leyendo cosas que me hacen sentir bien, pasarlo bien y son útiles para mí.

¿Volvería a leer los libros que te hacen sentir bien? Claro que si.
¿Cuántas veces? Cada vez que quiera sentirme bien.
¿Consultarías los libros que me son útiles? Claro que si.
¿Cuántas veces? Cada vez que necesite una información útil.

La biblioteca de los recuerdos de nuestra mente es igual. Los recuerdos están ahí y podemos usarlos a voluntad. Si vas a elegir un recuerdo, elige un recuerdo que te haga sentir bien y te sea útil y los demás tíralos a la basura.

Ahora que ya se que cualquiera de los recuerdos que me hacen sentir mal los puedo tirar a la basura, puedo crear un cubo de basura mental que tritura libros de terror mental y los hace desaparecer. Puedo imaginar en mi mente una papelera o un cubo así y tirar ahi ese recuerdo que me hace sufrir, o puedo tirar todos los recuerdos que no deseo :)

Ahora vamos a aprender como crear una papelera de destrucción de recuerdos negativos;

Esto es muy fácil de hacer. Lo primero de todo es saber que lo que hay en nuestra mente, es mental, lo estamos imaginando, está en nuestra imaginación :) Lo que significa que si queremos cambiar algo solamente tenemos que imaginar que lo hacemos.

1. Si quiero tirar un pensamiento a la papelera del olvido, solo tengo que imaginar que en algún lugar de mi mente hay una papelera del olvido, donde si tiro un archivo mental que me hace daño este recuerdo desaparecerá para siempre.

2. Elijo un pensamiento que no me guste y me haga daño, y lo veo en mi mente.

3. Si ese pensamiento tiene color, le quito el color y pongo en blanco y negro.

4. Ahora cojo esa imagen que veo en mi mente y la hago pequeñita hasta que sea del tamaño de una lenteja, luego la aplasto, la hago una bola y la tiro a la dentro de esa papelera.

5. Abro los ojos, pienso en mi abuela vestida de mariachi tomando tequilas y cantando la cucaracha.

6. Repito el proceso de nuevo un par de veces más, hasta que al pensar en el recuerdo ya no me haga sentir mal, no tenga un recuerdo claro de que paso o haya desaparecido.

Si no tienes claro qué recuerdos eliminar y tirar a la papelera, te recomiendo que los organices por secciones en la biblioteca de tu mente, puedes organizarlos por emociones. Más adelante nos iremos dando cuenta por que organizarlo por emociones es lo más útil.

Los de terror a un lado, los útiles en otro lado y los divertidos y que me hacen sentir bien en otro, los de añoranza, empoderamiento, tristeza, cada cual en su sección, de esta manera no estarán mezclados y aparecerán recuerdos inesperados que no deseamos. Así podré acceder al recuerdo que deseo en el momento que deseo.

Los recuerdos están almacenados en mi mente, todo lo que recuerdo ocurre en mi mente, lo que veo, escucho, siento, a partir de lo que recuerdo o imagino está en mi mente , ósea en mi imaginación, así que cualquier cosa que quiera cambiar por ahí dentro, tan solo tengo que imaginar que lo cambio y eso ocurrirá.

Todo lo que ocurre en mi mente lo puedo cambiar imaginando que lo cambio y lo transformo como deseo y así ocurrirá.

Mente es mente :)

AZ Ángel.   El Ángel de la Felicidad.

Capítulo 11

La felicidad la creamos todos.

Todas las emociones son útiles, están ahí por una muy buena razón, ninguna se creó para fastidiarnos. La tristeza y la sensación de vacío por ejemplo, están ahí para recordarnos aquello que es realmente importante para nosotros y lo echamos de menos ya que muchas veces son necesarios para nuestro propósito.

Cuando tenemos etapas de vida en que estamos llenos de energía somos mucho más capaces de hacer muchas mas cosas y a veces nos creemos como invencibles, entonces sentimos que no cesitamos a nadie, que podemos hacerlo todo solos y olvidamos las cosas mas sencillas y las personas que nos ayudaron a crecer. Hay quién dice que ha llegado a ser todo lo que es por sí solo y logró solo todo lo que tiene sin la ayuda de nadie. Otras personas cuando comienzan a vivir su verdadera vida y se sienten muy bien se aíslan del mundo y se olvidan de los demás, y está muy bien pasar de nivel, pero sin ovidar nuestros origenes.

Quizás olvidamos a veces que no llegamos a este planeta por nosotros mismos, que estuvimos formándonos en el vientre de nuestra madre muchos meses. Muchos nos tomaron en sus brazos antes de poder caminar, nos alimentaron y vistieron por muchos años hasta que pudimos valernos por nosotros mismo. Al crecer aprendimos el conocimiento que juntaron millones de personas durante miles de generaciones, usamos los inventos creados por otros, y necesitamos a otros para llegar hasta donde estamos , y no menos importante es que todo lo que tenemos, si no existiese nadie más en el planeta con quien compartirlo, nada de eso serviría para nada ni tendría sentido.

"La Vida que tenemos la creamos todos. La vida que decida tener la elegiré Yo, aunque seguirá siempre creándose con la ayuda de todos los demás. Yo siempre formaré parte de la vida de muchos otros seres humanos y muchos otros seres humanos formarán parte de mi vida."

La felicidad ya está en nosotros cuando nacemos.
Nacemos y vivimos gracias a otros.
La primera ley de la felicidad es que la felicidad no tiene sentido si los demás no existiesen, puesto que la felicidad la creamos tambien juntos con otros seres humanos, con el proposito de mejorar y alcanzar nuestro maximo potencial necesario para cumplir nuestro proposito que es servir a otros.

Dos de nuestros propósitos principales donde se cumple esta ley es en los de ser padres y ser hijos.

Para yo ser feliz y que mi felicidad perdure, al menos tiene que haber alguien más que sea feliz junto conmigo.

La felicidad es algo tan vital para nosotros como el agua, el aire, el sol, el alimento, el contacto humano y las buenas relaciones con los demás, cuando falta algo de esto en la vida de alguien, ese alguien comienza a morir, por eso necesitamos todas estas cosas para sentirnos vivos.

AZ Ángel.   El Ángel de la Felicidad.

Capítulo 12

Las personas felices piensan y visualizan cosas felices casi todo el tiempo.

Las personas felices ven un mundo feliz a su alrededor y tienen un mundo interior feliz.

De la misma manera las personas felices, eligen no recordar los momentos que no son felices y solamente están pendientes, solo se enfocan en encontrar lo que les hace felices, lo que les hace progresar, lo hermoso de la vida, las oportunidades y tienen constantemente en su mente la búsqueda de todo aquello que les hace feliz y les beneficia. Esto, y estar concentrados en las oportunidad que les ofrece la vida y en tener en su mente siempre presente lo que sí desean, es lo que hace que al final, siempre, si o si lo encuentran. Son las personas de las que decimos que siempre tienen suerte y siempre les pasa cosas buenas.

Acuérdate,

"El mundo es el equivalente físico de lo que hay constantemente en mi mente."

Para sentirme feliz no sólo influye lo que pienso, hay algo mucho más poderoso que mis pensamientos, ya que mis pensamientos son difíciles de controlar de manera constante y prolongada, aunque sí es cierto que con la práctica se logra todo, y si practico lo suficiente, entonces soy capaz de tener en mi mente, la mayor parte del día pensamientos felices y positivos. Hasta que logre eso, que por supuesto si lo voy a lograr antes de terminar de leer este libro, ya que aprenderé y practicaré los trucos de Magia Mental necesarios para mantener mi mente, mi cuerpo y mi pensamiento positivo y feliz.

Cuatro de los magos mentales más poderosos que han existido en nuestra época y son algunos de los maestros de los que aprendí parte de esta Magia mental, explican de forma muy sencilla los sencillos secretos de cómo crear un estilo de vida feliz y mantener esta forma de vivir. Es lo que llaman el "blueprint personal para una vida feliz." Si tienes la oportunidad, te animo a aprender su Magia. Estos cuatro grandes magos mentales son unos de los doce grandes magos mentales de los últimos siglos y probablemente ya habréis oído hablar de ellos, son Jim Rohn, Richard Bandler, Deepak Chopra y Tony Robbins. Ellos conocen parte del secreto.

"SALÚDALOS DE MI PARTE CUANDO LES VEAS :)"

Así que juntos también vamos a aprender un poco más adelante uno de mis trucos favoritos y una de las claves principales para mantener nuestra felicidad tanto como queramos.

AZ Ángel.   El Ángel de la Felicidad.

Capítulo 13

¿Por qué nos sentimos infelices?

La Magia mental para ser feliz funciona de la misma manera en que se elimina la oscuridad. Tu no luchas contra la oscuridad y de todos modos para qué luchar y pelear cuando puedo vencer pasándomelo bien y disfrutando, cuando lo único que debo de hacer para dejar de sentirme como no quiero es empezar a sentirme como quiero y para eso solo debo aprender a sentirme como deseo, aprender recordar como sentir las emociones positivas

Al igual que para eliminar la oscuridad, lo que debo de hacer es encender la luz, para dejar de sentirme vacío debo de comenzar a sentirme feliz.

¿Cómo sacas el aceite del vaso? Sencillo verdad, pues llenándolo de agua. Hay quien dirá que no puedo eliminar todo el aceite, porque parte se quedará pegado en el cristal y esa persona tendrá razón. El que se molesta porque en el vaso solamente queda un 2% de aceite, y el 98% del agua del vaso no consigue hacerle feliz, tendrá razón en sentir que desde su punto de vista su vida no merece la pena. Encender la luz para poder verlo todo con claridad, para admirar toda la belleza de este mundo y de mi vida no consiste en tambien eliminar todas las sombras.

Si quieres dejar de ser ignorante en algo aumenta tus conocimientos, aprende y si quieres ser feliz aprende a ser feliz.
No existe tal cosa de cómo enseñar a eliminar la ignorancia o de cómo aliviar el sufrimiento, eso solo es aprender a estar menos enfermo o ser menos ignorante. Si aprendes sobre las enfermedades siempre estarás enfermo y rodeado de enfermos, pues serán los pensamientos que más presentes estarán en tu mente. Si quiero ser feliz, estar saludable, tener amigos, una familia feliz, tener riquezas, conocimiento, ... sencillamente estudia cómo conseguirlo. Si quieres ser feliz, estudia felicidad, estudia todo lo que sea importante para ti, como sentirme más saludable, como tengo mejores relaciones con migo mismo y los demás, como creo riquezas, las cuido y las hago crecer, como comparto mi felicidad con el mundo y lo hago un poco mejor de lo que lo encontré, como contribuyo a esta vida para devolver un poco del regalo que me concedieron al poder vivirla.

"No aprendas a evitar lo que no quieres, aprende a generar y atraer lo que quieres."

Este libro es sobre la felicidad y de cómo aprender a ser más feliz todavía, así que aprenderé a generar más felicidad y atraer más felicidad, más momentos felices y más personas felices hacia mi mismo ahora.

Capítulo 14

¿Todavía aprenderemos más?

Lo que voy a aprender por mi mismo después de leer este libro, es muchísimo más de lo que aprenderé en este libro, ya que mi mente comenzará a buscar todas las combinaciones posibles de aplicar estos conocimientos para mejorar intensamente mi vida y de las personas a las que desee ayudar.

Lo bonito de este conocimiento, es que ha sido creado para mejorar la vida de todos, y solo puede utilizarse para hacer más feliz a cualquiera que lo aplique.

¿Qué tanto se puede aprender sobre la felicidad? Depende...
¿Qué tanto conozco sobre cómo sentirme feliz, que tanto me falta por conocer para serlo siempre y tanto como desee?

Pues bien hay cosas que sabemos que sabemos, cosas que sabemos que no sabemos, otras que no sabemos qué sabemos y otras que no sabemos que no sabemos.

Lo que sabemos que sabemos, lo que creemos que es cierto y es posible es aquello que nos mantiene dónde estamos, nos lleva a lo que hacemos cada día y el resultado es lo que tenemos en este momento, "nuestros pensamientos crean nuestra realidad."

Lo que sabemos que no sabemos, es aquello que sabemos o creemos que existe pero no tenemos mucha información sobre ello.

Lo que no sabemos que ya sabemos, es el conocimiento que tenemos escondido dentro de nosotros, que se activará cuando nos encontremos ante nuevas circunstancias y entonces necesitemos aplicarlo. Es muy útil y nos hace avanzar cuando nos encontramos ante nuevas situaciones. No sabíamos que lo poseíamos porque nunca antes necesitamos usarlo, claro que no se activará si seguimos en el mismo lugar haciendo las mismas cosas. Parte de ese conocimiento escondido son las cualidades y los secretos que me llevan a ser mi verdadero Yo, realizar mi propósito y vivir mi vida real, la que interiormente deseo, la vida que merezco y debería estar viviendo. Lo que ocurre es que ese conocimiento se activa en el lugar adecuado, en el momento adecuado, cuando te conviertes en la persona adecuada, ósea, una persona diferente a la que eres ahora y eso solo ocurre cuando comienzas a descubrir y aprender lo que no sabes que no sabes.

Lo que no sé qué no sé, es lo que desconozco que existe, y es en realidad lo que necesito saber para lograr lo que deseo. Son como las piezas que me faltan encontrar para ir completando el rompecabezas de mi vida. Son los tesoros que se encuentran detrás de mis miedos

Si creo lo que todo el mundo cree, como lo que dice la tele, veré el mundo que todo el mundo ve y tendré una vida parecida a la vida que todo el mundo tiene.

Las personas extraordinarias leen y piensan de forma extraordinaria, por eso ven el mundo de una manera extraordinaria y tienen una vida extraordinaria.

Las personas excelentes ven otro mundo.

La única manera de conocer lo que no existe es aprender todo lo que puedas, lee todo lo que puedas, experimenta todo lo que puedas, conoce todas las personas que puedas, a las que nunca te has acercado antes y a las que nunca te acercarías, ve a lugares desconocidos, cada día haz cosas que te dan miedo y has más de las que te dan pánico, y cuando desees algo no lo pienses, solo hazlo, cuenta "uno, dos, tres, y hazlo ahora"

Las oportunidades de mi vida se pierde día tras día después de los 4 segundos. Hazlo antes de contar uno, repítete cada mañana 100 veces

"HAZLO YA, HAZLO YA, HAZLO YA ...."

"TODO LO QUE ME LLEVADO A UN SIGUIENTE NIVEL ES ALGO QUE EN ALGÚN MOMENTO DESCONOCÍA, Y TODO LO QUE ME LLEVARÁ AL SIGUIENTE NIVEL ES ALGO QUE EN ESTE MOMENTO DESCONOZCO."

Recuerda; lo que desconocemos y no sabemos que existe, es lo que nos lleva hacia donde nunca hemos estado y desconocemos que existe.

Si siento en mi corazón, que en algún lugar de lo desconocido, está el lugar al que pertenezco y donde debo de estar, lo que debo de hacer, es perderme.

No se puede echar de menos algo que no se conoce, ni sentir un vacío al no tencrlo, a no ser que antes ese algo hubiese llenando ese vacío o tengas un recuerdo olvidado.

Dice la ley de la existencia infinita; que en algún momento de nuestra existencia ya vivimos ahí, y es ahí a donde pertenecemos por naturaleza.

En resumen, cuanto más lea, más personas cocozca y más experiencias tenga, más conoceré acerca de los secretos, lugares, cosas y personas maravillosas que voy a descubrir y están esperando por mi.

Si me encanta lo que hago cada día y soy todo lo feliz que deseo ser, es mejor que no lea mucho, no cambie mucho mi vida, ni tenga muchas experiencias nuevas, no sea que mi vida vaya a cambiar demasiado y deje de ser como ahora.

Capítulo 15

Si no lo has estudiado, no lo sabes, y lo que no suma, resta.

"La felicidad se estudia.
Si quieres ser feliz, estudia felicidad."

Es importante estudiar todo lo que pueda sobre lo que realmente es importante para mí y no dejarle a la suerte, la casualidad o el destino que se encargue de ello. Esperar que mi vida mejore y se torne en la vida ideal que deseo cruzando los dedos, no es una muy buena estrategia.

La esperanza es la estrategia de los pobres y de las personas que nunca tienen lo que desean de la vida. Las personas que tienen la vida que desean crean la vida que desean y no esperan a que las cosas ocurran.

¿Cuánto más tiempo voy a estar esperando a que ocurran por sí solas las cosas que deseo?

"Si estoy esperando que los demás me creen la vida que deseo, acabaré viviendo la vida que los demás necesitan que viva."

Mi verdadera vida me está esperando. He de salir a buscarla donde siempre me han dicho que no vaya, y mi corazón siempre me ha susurrado; "ve ahí."

"Si deseas aprender algo lo primero que has de aprender son las palabras que se utilizan para definirlo. El vocabulario es tan necesario para que nuestra mente pueda entender el mundo y comunicarlo a los demás, como la luz es necesaria para ver el mundo que deseamos entender."

Imaginemos que vivo en un castillo donde se encuentran todos los tesoros que crean la vida de mis sueños. Cada uno de mis sueños está oculto en una de las habitaciones del castillo.
La primera habitación y la única que está iluminada es en la que vivo ahora, el lugar donde nací, es el lugar donde nacemos todos, todos compartimos esa habitación y esa habitación pertenece a todos. Las otras habitaciones del castillo donde se encuentran los tesoros que la vida guarda para mi, están oscuras. No se puede ver su interior oscuro, ya que solamente se puede iluminar con la luz del conocimiento que todavía no conozco.

Las puertas de estas habitaciones solo se abren con las llaves del merecimiento, que están en algún lugar del castillo, fuera de la habitación donde vivo.

Solo puedo ver aquello que ilumina la luz del conocimiento y para poder ver primero he de creer que existe algo mas y que es posible para mi.

No es ver para creer, sino creer para poder ver, y la única manera de ver lo que no se puede ver a simple vista es ver con los ojos de mi corazón y no con los de mi cabezota.

"La vida está llena de cosas maravillosas que se encuentran ocultas tras la sombra de la ignorancia."

Cada cosa que conozco y aprendo fuera de la primera habitación, abre un poco más las ventanas del castillo dejando entrar un poco más de luz, que me permite ver donde se encuentra la siguiente llave que abre la puerta de la habitación que guarda el siguiente tesoro que me da la felicidad.

¿Cuántas llaves deseo encontrar? ¿Cuántas puertas deseo abrir?

Si no lo has estudiado no lo sabes, y lo que no suma resta.

El libro que no lees no te ayuda, tampoco puede ayudarte la persona que no conoces o las experiencias que dejas pasar.

Por eso aprenderemos tanto como podamos sobre la felicidad. Aprenderemos si es realmente bueno sentirse feliz tooooooodo el día y feliz en todo momento.

Aprenderemos también cómo despertar la Magia de la felicidad en nuestro estómago, hacerla girar hacia el lado en que gira mi felicidad, y enviarla a cada parte de mi cuerpo creando de forma instantánea una felicidad física-mental-emocional que me hace sentirme feliz tanto tiempo como desee, y poder repetirlo tantas veces como lo desee en el momento en que Yo deseo ser feliz.

Aprenderé los principios fundamentales de cómo crear un estilo de vida feliz.

Aprenderemos que la felicidad no es una cosa que se puede poseer ni está en las cosas que poseemos, no se va buscando por ahí fuera, no es algo que se encuentra o se pierde, y definitivamente te diremos donde no está la felicidad para que no la sigas buscando en donde no existe.

Te daré una pista "Todo lo bueno comienza dentro de mi, y se multiplica cuando lo comparto con las personas correctas"

Aprenderemos por qué necesitamos ser felices y por qué nos sentimos tan mal cuando no nos sentimos felices.

Aprenderemos que hay mucho más, aparte de la felicidad para sentirme muy bien y tener una vida plena, vivir mi propósito que es la vida ideal que deseo vivir, merezco vivir, que en realidad es la que vine a vivir a este mundo mágico y debería estar viviendo en este momento.

Lo cierto es que este libro es un libro que despierta mi conocimiento interno, y me recuerda un conocimiento que ya se, que ya sabemos todos los seres humanos y que está en nosotros desde antes de ser concebidos, y no fuera de nosotros. Así que por decirlo de alguna manera, "el día que encuentro la felicidad, la encuentro dentro de mí, y aun así todo el mundo que no es feliz me seguirá diciendo que la busque fuera, que lo que yo siento no es felicidad."

Cualquier cosa que haya sentido la puedo volver a sentir pues ya está programada en mí. La felicidad es la más poderosa de las 6 emociones mágicas que vino junto con mi cuerpo desde que mis células comenzaron a crearse, y puedo usarla cuando y donde desee. Yo ya sonreía desde el vientre de mi mama, y ahora podemos darnos cuenta que hemos conocido la felicidad desde mucho antes de nacer, como muestran estas imágenes de bebés de pocos meses dentro del vientre de sus mamás

Aprenderemos qué la felicidad es una emoción viva y mágica que siempre está ahí, al igual que las otras seis emociones mágicas, contaremos quiénes son estas emociones, cómo nos cuidan estos mágicos seres, por que son fundamentales para mi y cómo me guían cada día en cada momento a vivir la maravillosa vida que he venido a vivir, de cómo se enfadan conmigo y me hacen rabiar cada vez que me alejo de lo que debo de hacer y dejo mi vida de lado para ir a vivir la vida de otros.

En esta guía aprenderé a conquistar cada día de mi vida, desde el momento en que abro mis ojos a esta dimensión. Cada mañana entrar en el estado de felicidad, sentirme increíblemente bien, y mantenerme así durante todo este día, cada día de mi vida. Aprendo a conquistar el día de hoy, y cada hoy de mi vida, para conquistar mi vida entera.

Bueno, bienvenido al inicio del viaje más emocionante que puede haber, la aventura más increíblemente maravillosa de mi vida, que es mi propia vida. Abrochémonos el cinturón que aquí vamos.

Capítulo 16

Todos necesitamos ser felices. "Sé feliz o muere."

A veces hay que prevenir sobre los peligros de la vida de forma dramática.
Jim Rohn.

¿Por qué todos necesitamos ser felices o ser más felices? ¿Por qué siempre deseamos que nuestra vida sea mejor en algún aspecto, por qué deseamos lograr cosas, tener mejores cosas, mejorar nuestro físico, nuestra salud, economía, patrimonio, posición laboral, ingresos, retos personales, pasatiempos, ...? ¿Por qué siempre estamos pensando en mejorar algo? y ¿por qué relacionamos el lograr esas cosas con la felicidad, con ser felices o más felices?

Lo cierto es que la felicidad nada tiene que ver con los objetivos externos que logramos, como el dinero que ganamos, el éxito profesional, la fama o nuesras posesiones.

Probablemente estés pensando que la persona que escribió este libro no tiene mucha idea de lo que es la felicidad o donde encontrarla.

Lo cierto es que la respuesta a la felicidad, o el éxito personal, la Paz interior, vivir con propósito o cualquier cosa que desee conseguir siempre ha estado escondida ahí delante, justo delante de mí, tan cerca de mí que que si fuera una flor con un aroma muy muy suave, podría olerla. Espera, "escondida justo delante de mis narices" eso no tiene sentido, o quizás sí lo tiene.

Lo que ocurre, es que hay un filtro que cuando lo colocamos ante nuestros ojos nos permite ver aquello que no vemos.

Cuando colocamos ante nosotros el filtro adecuado, somos capaces de ver aquello que deseamos y además ver todas las cosas que necesitamos para lograrlo de forma muy fácil, y el caso es que esas cosas siempre estuvieron ahí. Como le pasó a Santiago en la historia de Paulo Coelho "El Alquimista", el secreto, su tesoro personal siempre estuvo ante él. "Antes no veía y ahora puedo ver."

En realidad ese filtro que nos deja ver nuestro camino, se activa con las palabras mágicas. Es como un hechizo, como las palabras que tenía que pronunciar Aladino para abrir la cueva de Ali Babá y los cuarenta ladrones. "Ábrete sésamo". El que conocía las palabras era capaz de abrir la cueva que contenía los tesoros. Unas palabras específicas para una cueva en particular.

Las palabras mágicas se llaman mágicas porque nadie sabe por qué conocerlas y pronunciarlas dan acceso a lo que deseamos. También son mágicas porque al no ser que las desees conocer con todo tu alma, nunca aparecerán ante ti, ni se te revelarán.

"Para conocer las palabras mágicas y poder usar su Magia, debo desearlo con todo mi corazón, estar dispuesto a cambiar todo lo que tengo, dejar todo atrás, y arriesgarlo todo a cambio del tesoro que esas palabras me proporcionarán," sólo entonces se me revelará el hechizo que forman esas palabras, que me traerán cualquiera de los deseos que correspondan a esas palabras en particular.

Una intención, un hechizo, un deseo, quizás ¿Ser feliz por siempre es mi deseo? ¿Por eso leo este libro? Quizás sea el deseo de hacer felices a otros, aunque para eso primero debe de ser feliz la persona más importante de mi vida que soy YO :)

Yo hoy aquí te enseñaré las palabras mágicas que te harán sentirte feliz cada momento del día, cada día de tu vida, y beneficiarte del mayor regalo que el universo nos dio en el momento que llegamos a este mundo, que es sentirnos felices y todo el poder que eso nos proporciona a los seres humanos, un poder que nos convierte prácticamente en Dioses con capacidades ilimitadas, además de sentirse tremendamente bien :) y me da la capacidad de contagiar esa felicidad al mundo que me rodea y todo lo que forma parte de él.

AZ Ángel.   El Ángel de la Felicidad.

Capítulo 17

¿Por qué deseamos que nuestra vida sea mejor?

¿Por qué siempre deseamos que nuestra vida sea mejor en algún aspecto? ¿Por qué siempre estamos pensando en mejorar algo? y ¿por qué relacionamos el lograr esas cosas con la felicidad, con ser felices o más felices?

Bueno, lo cierto es que mejor es mejor. Todo lo que aprendimos, desde caminar, hablar, pintar, jugar, nuestros deportes y pasatiempos preferidos, hacer amigos, nuestra profesión, todo absolutamente todo lo que comenzamos a aprender comenzamos haciéndolo maravillosamente "mal" :) , un rotundo desastre.

¿Alguna vez has visto un bebé cuando aprende a comer?
Richard me dijo una vez; Angel, ¿Recuerdas cuando aprendiste a comer? ¿Qué edad tenías más o menos?
Comencé a recordar y las memorias de mi pasado me llevaron

atrás en el tiempo, atrás, en mi mente, al momento en que cogí esa cuchara por primera vez y conseguí de forma magistral meterme la papilla por la oreja, luego el ojo, el cachete, el pelo, y eso las veces que la cuchara llegaba a la cara. Yo no sé si los niños chinos sufrirían más que yo aprendiendo a comer. Intento tras intento, conseguí meterme la cuchara casi vacía en la boca, y para aquel entonces ya estaba cabreado y hambriento.

Semanas después, cuando mi pequeña manita de bebé consiguió manejar con algo de soltura la cucharita, empezaron los experimentos; ¿Será que el osito del babero también come? Lanzamientos fuera del plato, la alfombra, crema nutritiva para la cara, ...Observando y aprendiendo, prueba y error. Y no sólo una vez, muchas muchas veces me equivoque, una y otra vez, intentñe y experimenté, y cada vez que me equivocaba me volvía mejor, me sentía más seguro, lo volvía a intentar y volvía a mejorar, porque "Cada error me hace mejor."

Un error tras otro error y otro error, nos hizo cada vez mejores en todo lo que hacíamos, y cuando lo logramos, cada vez que acertamos, nos sentimos increíblemente bien, y esto es gracias a nuestra amiga "La emoción del placer". Después de fallar lo seguíamos intentando una y otra vez en vez de desanimarnos ¿saber por qué? Porque alcanzar nuestras metas nos da placer y nos hace sentir muy bien :)

146

Capítulo 18

Cuidado con esto "El placer no es Felicidad."

Hay cosas que nos gusta mucho hacer y nos sentimos realizados mientras las hacemos. Otras nos cuesta más hacerlas, cómo por ejemplo aprender algo. Cuando comenzamos a aprender algo, a veces nos resulta difícil y nos puede llegar a frustrar, a mi muchas veces. Por eso la naturaleza, que es muy inteligente, nos da un premio natural que nos gusta muchísimo, cuando conseguimos terminar algo que nos beneficia. Después de lograr algo que es bueno para nosotros, sentimos "placer". Eso se creó para que a medida que vamos creciendo, aprendemos las cosas básicas que nos permiten sobrevivir, y luego sigamos aprendiendo, el resto de nuestra vida, nuevas cosas que nos hacen evolucionar.

Ese caramelito es la dopamina. Terminamos algo y, ¡toma caramelito de placer!. Y el caso es que la dopamina es muy muy adictiva, nos gusta mucho y nos enganchamos a ella.

Por naturaleza somos adictos a la dopamina.

El placer no es Felicidad, son diferentes. Y el vacío que queda cuando no hay placer, no es la falta de la felicidad.

"Placer y Felicidad son emociones distintas."

Cuando algo nos da placer, sea natural o artificial, nuestro cerebro piensa que es bueno y tiende a repetirlo una y otra vez. Muchas de las cosas "artificiales" que consumimos, nos disparan la dopamina, pero lo que ocurre, es que en vez de hacernos avanzar, evolucionar y mejorarnos, provocan en nosotros todo lo opuesto; nos estresamos, engordamos, nos volvemos poco activos, nos relacionamos menos, nos enfermamos, etc.
Ejemplos de cosas que nos disparan la dopamina son; todos los alimentos que tienen azúcar, los productos lácteos, la televisión y las redes sociales, juegos de apuestas, el alcohol, comprar y muchas otras cosas más, y por supuesto la mayoría de las drogas.

"Todo lo natural, siempre es mejor," como comer alimentos frescos, naturales e integrales. También lo es hacer ejercicio, beber agua cuando tenemos sed, descansar la mente unos minutos de vez en cuando, dormir bien y tener buenas relaciones con los demás. Estas son las cosas básicas para ser feliz :)

Cuando era niño, practicar y equivocarme una y otra y otra vez, me llevó a mejorar lo que ahora había empezado a aprender, y cada vez que mejoro mejor me siento.

Ocurrió lo mismo cuando empecé a caminar. Aprender a gatear fue increíblemente divertido, empezar a caminar era frustrante, caerme una y otra vez, pero fallar un intento tras otro me hacía mejor. Y fue increíble aprender a caerme profesionalmente, pues de tanto caerme ya sabía cómo caer de la mejor manera posible y levantarme mejor y más rápido.

Saber caerme y levantarme me dio la seguridad necesaria para que después de 100 intentos más consiguiera mantener el equilibrio sobre mis pequeños piececitos y mis piernas temblorosas, me dio el valor para intentar dar el primer paso. Aprender a caer y levantarme me ayudó a comenzar a crear mi carácter, y la determinación para a partir de entonces no retroceder nunca ante cualquier reto que la vida me pusiese, sabía que si aprendía a caer con estilo sobre mi pañal blandito y levantarme una y otra vez, podría aprender y lograr cualquier cosa.

Aprendimos que mejor es mejor. Que después de aprender algo, después de lograr algo, siempre habían cosas mejores, después de aprender algo nuevo, mi mundo se abriría ante mí como un abanico y aparecerían muchas posibilidades, más cosas nuevas que aprender, haciendo mi un mundo mejor, mucho mejor y lleno de posibilidades. "y Mejor es mejor."

Alguna vez comenzaste a aprender a caerte en monopatín, a caerte en bicicleta, a equivocar las notas de ese instrumento, aprendiste a vocalizar mal antes de hacerlo medio mal y luego un poco bien y después de muchos días, semanas, meses, años aprendiste a hablar bastante bien, y conseguiste hablar como un profesional, un abogado, un mecánico, un pintor, un escritor, ¿después de cuántas decenas de años?

Tendo un amigo que enseña a hablar en publico a personas que son muy listas y de todas las edades. Se llama Luis :)

¿Cuántos años tardaste en caminar, correr, o saltar como lo haces ahora? ¿cuantas veces lo hiciste peor que ahora y cuántas te caiste?

Menos mal que no dejaste de intentar nada de eso después del tercer intento.
Las cosas que merecen la pena en la vida quizás requieran tantos fallos, y tantos intentos como los que necesitaste para aprender a caminar.

Capítulo 19

La Felicidad también se cuida. Hay que cuidar la felicidad, para seguir siendo feliz.

Todo en mi vida ha sido así desde que nací. Estamos hechos para mejorar cada día, estamos hechos para alcanzar nuestro máximo potencial y eso nos produce mucho placer, "NO Felicidad", "PLACER", y ya se que el placer es delicioso y muy adictivo, por eso mejor es mejor y siempre deseamos mejorar algo en nuestra vida, pues de esa manera segregamos ese químico llamado "Dopamina" que me proporciona ese placer. Y además necesito mejorar, pues aquello que no mejoramos en nuestra vida "comienza a morir". Todo lo que no mejoro de forma constante, todo lo que no cuido en mi vida, comienza a morir, el universo se lo lleva. Mi Salud, la relación con mi pareja o mis hijos, las relaciones con los amigos, mi estado físico, mis ahorros, mi profesión, mi conocimiento, mis habilidades, mi casa, mi coche, mi dinero o mi felicidad. Si no cuido mi jardín en pocos días comenzarán a parecer las malas hierbas , y los insectos, y las plantas y las flores comenzarán a secarse, y lo mismo ocurre con cada jardín de nuestra vida.

DESEAMOS mejorar por que nos da placer y NECESITAMOS mejorar porque si no, nos comenzamos a morir. "La dopamina y el placer es bueno, no tenerlo es morir."

Por eso después de cada una de las cosas que necesitamos hacer para sobrevivir, nuestra mente se encarga de darnos un premio que nos gusta muchísimo. Su función es mantenernos vivos. No solo esta la dopamina, para esto existen la emociones.

La plenitud es el conjunto de todas esas sensaciones maravillosas, la suma del equilibrio de los logros en cada aspecto de nuestra vida que necesitamos para mantenernos vivos.

Jejeje, que dramáticos nos hemos puesto, pero "la vida es drama si no la cuidamos, y dedicamos nuestro tiempo a las cosas que "no son importantes", en vez de dedicar tiempo y cuidar, las cosas que realmente son importantes para nosotros en nuestra vida.

"Cuando dedicamos nuestro tiempo a vivir la vida de otros, en vez de vivir la nuestra propia, comenzamos a sentirnos tristes, comenzamos a morir."

"Cuando obligamos a otros a vivir la vida que nosotros queremos que vivan, cuando no dejamos que las personas que dependen de nosotros elijan y vivan su propia vida, cuando manipulamos o atamos a otros para que permanezcan a nuestro lado, esas personas, animales o seres comienzan a sentirse tristes y comienzan a morir."

Pero bueno es algo personal, puedo vivir haciendo lo que me gusta o vivir haciendo lo que los demás dicen que se debe de hacer aunque no me guste.
Si en algun momento no tuve opcion, ahora si la tengo.
Ahora elegir la vida que deseo vivir en un decision mía.

El placer natural tiene que ver con mejorar y lograr objetivos, cualquier objetivo que nos propongamos.
La plenitud tiene que ver con vivir el proceso de los objetivos de nuestra vida real, el camino de nuestra propia vida, mejorando aquello que se refiere a nuestra vida personal.
La satisfacción personal del artista no está en terminar el cuadro, o la película, o la escultura, o la sinfonía, ... La satisfacción personal del artista está en el proceso de creación.

"Quítale al artista la obra que ha terminado y en seguida se pondrá a crear otra, quítale el poder hacer su arte, ponle a vivir haciendo algo diferente y morirá poco a poco".
Compartir lo que hace con los demás, servir ofreciendo lo mejor de sí mismo a las personas que tiene a su alrededor le da la felicidad.

Vivir por vivir no da la felicidad, lograr por lograr tampoco.

Pero bueno, no sé qué hacemos hablando de placer y vida o muerte, lo nuestro es la felicidad :) Por lo menos ya sabemos que la felicidad no es placer y si el placer es el resultado del logro, la felicidad es el resultado de vivir mi propia vida :)

La felicidad es el resultado de estar viviendo tu propia vida plenamente.

La felicidad es la sensación de estar viviendo mi propia vida y compartirla con otros.

Ok, empecemos a jugar al verdadero juego de la vida, el juego de la felicidad.
"COMIENZA EL JUEGO"

Capítulo 20

Sin límites.
No hay límites para el ser humano, mis límites me los pongo Yo.

El objetivo principal de este curso, de esta guía es convencer al lector, osea "Yo", de que puedo ser feliz en el momento que lo desees y durante todo el tiempo que desee. Entonces, sentirme feliz será una decisión personal.

"Una vez que crea profundamente en algo, mi mente se encargará de hacer todo lo posible para demostrarme a mí mismo y al mundo que Yo tengo razón."

Defendemos nuestras creecias a muerte por encima de todo como verdades indiscutibles que formasen parte de nosotros; política, religión, equipo de futbol, el amor de nuestra vida al que nunca dejaremos de amar, nuestra ciudad es la mejor, la comida de mi mamá es la mas rica, papá Noel existe, etc. Hasta el día en que cambiamos de opinión :) Y es que en realidad cambiamos de opinión todo el tiempo, ya no creemos las cosas que creíamos de niños ni dentro de unos años seguiremos creyendo muchas de las cosas en que creemos ahora.

Las personas se casan enamoradas y se divorcian peleadas, cambiamos de partido político, de religión, de equipo de futbol, comida preferida, etc. y cada vez que tenemos una nueva creencia la volvemos a defender a muerte. Somo así de raritos :)

Ya que nos pasamos la vida tratando de demostrar aquello que creemos, y esa es la razón por la que mi mundo interior va creando mi mundo exterior y en este momento soy lo que creo que soy y tengo aquello que creo que me es posible, si cambio mis creencias, comenzaré a cambiar mi mundo para que tenga coherencia con lo que pienso.

Una nueva idea con convicción verdadera que se plante en la mente, cambiará la vida de cualquier persona y el mundo a su alrededor. Por eso si me convenzco de que es posible para mi lograr cualquier cosa, y creo realmente que ser feliz todo el tiempo que desee es realmente facil, entonces mi propósito de ser feliz se habrá realizado pues mi mente se encargará de probar que si o si puedo ser tan feliz como desee el tiempo que yo desee y donde yo lo desee, y podré enseñar a otros, a todos los seres que amo, como conseguir su felicidad.

Pues bien, aquí vamos :)

No hay límites para el ser humano,
mis límites los pongo Yo.
Mi imaginación y la capacidad que tengo de
creer con fe absoluta que puedo lograrlo.

Si creo que puedo, podré.

En realidad mis creencias sean grandiosas o
pequeñas me limitan, pues Yo no tengo limites.

Mi mente inconsciente tiene toda la información sobre mi, el 100% de lo que he percibido a través de los sentidos y las emociones a lo largo de toda mi vida. Mi mente tiene grabado todo, absolutamente todo lo que he visto, escuchado, sentido, olido, palpado, degustado, absolutamente todo, y conoce todas mis posibilidades a la perfección, mis debilidades y fortalezas, que es lo mejor de mi y hasta dónde puedo llegar si uso mis cualidades personales al máximo.

Por eso, si uso mi imaginación para imaginar mi futuro ideal en este momento, (y puedo imaginar lo que sea, ya que imaginar es gratis y no tiene límites), mi inconsciente siempre, siempre, siempre, me mostrará solamente aquello que Yo realmente puedo lograr. En realidad lo que imagine será como una visión de lo que yo puedo llegar a alcanzar, ya que mi inconsciente es muy literal, no tiene sentido del humor, ni hace bromas, así que nunca me mostrará algo que no es posible para mi.

Si me convenzo ciegamente de que es posible para mi alcanzarlo y que realmente es mi destino lograrlo, entonces comenzará a cambiar mi sistema neurológico, mi cuerpo y mi cerebro, y mi mente por orden mía comenzará a mostrarme la parte del mundo que Yo necesito ver y conocer para lograrlo, y hoy Ángel me va a dar un par de pistas de cómo hacerlo, de cómo crear el mapa mental que me llevará a mi tesoro personal. Un camino apasionante y lleno de aventuras que me guía directamente a lograr mis mayores sueños, encontrar mi propósito de vida, y lo más importante, en ese camino me convertiré en la persona capaz de lograr todo aquello que se propone, seré entonces un ser humano del siguiente nivel, me convertiré en la mejor versión de mi mismo, mi "YO 2.0".

En esta parte del libro conoceremos:

- Conoceremos una nueva versión de que es el ser humano y entenderemos porque somos capaces de lograr todo lo que deseemos.

- Cómo la ciencia y la historia ya han probado que somos Dioses capaces de todo.

- Mostraremos que las discapacidades son un invento, una trampa mental, que no son reales y que no nos limitan en absoluto para realizar nuestra misión de vida y ser felices, y conoceremos cómo romper ese hechizo maléfico.

- También veremos por qué siendo capaces de todo, nos sentimos tan limitados e inútiles a veces.

- Cómo el sistema nos ha quitado nuestra libertad con la programación mental limitante para convertirnos en los empleados que necesita para mantenerse y cómo librarnos de esas cadenas mentales.

- Cómo desprogramarse para pensar de forma propia y ser libre. Mostraremos que ya hay quien ha logrado ser libre y salir del sistema y explicaremos cómo.

- Veremos que vivimos en un mundo heredado donde se nos impusieron unas reglas y una forma de vivir sin darnos oportunidad para elegir cómo queremos que sea nuestra vida y nuestro mundo.

- Veremos cómo la consciencia común tiene la solución a todo y cómo uniendo nuestros corazones y nuestro ser interior podemos lograr lo que sea.

Los seres humanos también somos Dioses.

Salmo 82: Vosotros también sois Dioses.
Y es que como dice el dicho, de tal palo tal astilla. Quizás solamente seamos mini Dioses, pero eso también cuenta :)

¿Qué es el ser humano?
Yo creo que el ser humano es una expresión y una extensión de Dios (entendiendo por Dios, aquello que creó el universo, La Sabiduría infinita, El Tao, El Todo...o cómo desees llamarlo) y cómo una prolongación de este Dios, somos capaces de crear cosas maravillosas y de lograr todo lo que imaginemos al igual que el/ella es capaz de hacerlo, y bueno, no solo lo creo si no que lo veo cada día.

Soy un apasionado de la obra del Creador, es mi artista favorito y me encanta viajar por todo el mundo y navegar por internet para buscar obras nuevas de su colección en la naturaleza, y la verdad, es que junto con las obras de Dios, encuentro las obras de nosotros los seres humanos, y lo cierto es que me admiro igual al verlas.

Quizás no seamos capaces de crear otros seres vivos, o mares, montañas, galaxias llenas de estrellas y mundos a partir de la nada, pero veo algo increíble, algo absolutamente espectacular;

"De lo que Dios crea, el ser humano lo toma y crea mil cosas más."

¿A qué me refiero?

Dios creó la arcilla y nosotros los seres humanos creamos la alfarería, jarras, vasos, jarrones hermosos, cuchillos....

Dios creó la planta del algodón, el lino, los gusanitos de seda, las ovejas y muchos otros animales con pelajes preciosos y nosotros con sus fibras y su pelo creamos vestidos y trajes hermosos, sábanas, mantas, cortinas divinas, zapatos, bolsos, carteras, alfombras, las velas de los barcos y muchísimas cosas más.

Dios creó las piedras y nosotros casas hermosas, catedrales y puentes. Las tallamos e hicimos maravillosas esculturas y figuras de arte.

Dios creó los árboles de madera y nosotros creamos un mundo alrededor de ellos, libros para compartir nuestro conocimiento, camas, cubiertos, casas, arte, infinidad de creaciones, creamos canoas y barcos para cruzar el océano, porque sabéis, Dios hizo un mundo inmenso y nos dió la curiosidad para que nos preguntáramos; ¿Qué más hay detrás del horizonte?, y con esos barcos, algunos muy pequeños nuestros antepasados cruzaron los océanos, y para entonces solo estábamos jugando, apenas comenzábamos a explorar el mundo y nuestra capacidad de crear.

Dios creó los elementos de la naturaleza y como jugando los escondió, la mayoría en lugares invisibles para nosotros, en el agua, el aire, en el suelo, mucho más abajo del suelo y nosotros los encontramos, como los metales escondidos dentro de las rocas, los transformamos y con ellos creamos herramientas y espadas, puertas y cadenas, y con el tiempo trenes y autos, aviones, barcos, edificios... Podéis creerlo, todo esto salió moliendo las rocas del suelo.

Dios nos dio la arena de la playa y nosotros la fundimos y creamos el cristal. De la arena sólida de las playas y los desiertos, podéis creerlo, creamos el cristal transparente y todo lo maravilloso que salió de ahí.

Y fuimos más haya, Dios que es un creador increíble, un artista espectacular, después de crear su mundo lo pintó de color y lo hizo más bello aun, y nosotros los seres humanos creados a su imagen y semejanza, no nos podíamos quedar atrás. Extrajimos el color de esas flores, de esas arcillas, de esas plantas, **extrajimos el color**, ¿en qué cabeza cabe eso? **es impresionante**, extrajimos el color, quién hubiese imaginado que eso pudiese ser posible, pero lo hicimos y pintamos el mundo que íbamos creando a partir de lo que Dios había creado antes y nos había regalado para vivir, disfrutar y crear.

Hicimos algo más, hicimos algo mucho más grande y maravilloso, comenzamos a crear de verdad, comenzamos a crear igual que Dios, creamos mundos hermosos e increíbles, tan hermosos como el suyo propio, en nuestra imaginación y los pintamos con esos colores. Dimos color al mundo de nuestros sueños y lo expresamos a través de las artes, la pintura, la escritura, el cine, la moda....

Y Dios, yo estoy seguro, que entonces sí comenzó a estar súper orgulloso de nosotros, su creación, porque vio que lo que había creado era bueno muy bueno, creado a su imagen y semejanza.

Y ahí no paró la cosa, pues fuimos más lejos y sacamos la esencia de las flores y las frutas y de todo lo que olía delicioso y creamos los perfumes. Sacar la esencia de algo, eso es cosa de Dioses dejarme deciros.

Y qué tal el sacarle la esencia al viento y al soplarlo crear la música usando pequeños tubitos con agujeros hechos de las cañas que crecen en las orillas de los ríos, y hacerlo vibrar a través de las cuerdas de un arpa, o una guitarra, o un piano, y crear notas musicales que viajan a través del espacio invisible y crear la música. Y qué imaginación tan increíble, si no nos bastaba con crear la música, además fuimos capaces de escribir el sonido en las partituras de papel. Y eso es cosa de locos, digo genios.

Y avanzando en el tiempo, la cosa se puso mejor, aún más increíble.

Hace algunos años alguien podría pensar, ¿Qué más se puede crear?, Después de todos estos avances ya no se podría llegar mucho más lejos.

De todo lo que nos dio Dios que podíamos ver y tocar, creamos un mundo nuevo y maravilloso. De cada cosa que veíamos, creamos otras mil.

¿Qué más podría surgir ahora?

¿Qué más podría crear el hombre? un hombre que se dice que es a imagen y semejanza de Dios, un Dios creador de todo lo visible e invisible.

Pues así fué. El hombre reflejo de su creador, creó primero a partir de lo visible y luego comenzó a crear a partir de lo invisible. Descubrió la electricidad y creó la luz de nuevo. Imagino las ondas invisibles del espacio qué no existían pues no se podían ver, ni tocar, ni oler, imagino literalmente las ondas electromagnéticas, uso la imaginación pura para crear, eso es imposible.

¿imposible? dijo el hombre.
No, Yo soy hijo de Dios, Yo soy la creación más maravillosa que Dios ha creado, su obra maestra, para mí no hay nada imposible,

y entonces el hombre creo la comunicación mágica; la radio, la televisión, los teléfonos móviles, las comunicaciones digitales, los computadores, la comunicación cuántica, descubrió la materia oscura y las dimensiones, los agujeros de gusano, descubrió que lo que no se ve es más poderoso, abundante e infinito de lo que sí se puede ver y entró en el mundo maravilloso de la energía y el conocimiento. Potenció por millones la capacidad de calcular y resolver problemas matemáticos y físicos, al crear los computadores, luego descubrió cómo acumular el conocimiento de toda la humanidad guardándolo en cristales, para luego compartirlo a la velocidad de la luz con cada ser humano y unirlos a través de una red invisible que cubre el planeta, de la que parte de ella es la internet.

¡Ya! Ahora sí ¿Qué más podía haber? sus mayores fantasías

desde el punto de vista de la evolución humana y tecnológica se habían superado hasta límites extremos.

¿Y AHORA QUÉ MÁS? ¿QUÉ PODÍA HABER DESPUÉS DE ESTO?
Y ENTONCES LA COSA SE PUSO MUCHÍSIMO MEJOR, se dio cuenta que esto era solo el principio.

PRIMERO descubrió cómo transformar la materia, luego descubrió cómo controlar la energía y después, al unir todo el conocimiento de la humanidad y a toda la humanidad compartiendo sus pensamientos, unir las mentes de miles de millones de seres humanos en una sola mente cuántica, se dio cuenta de que esto solo era la punta del iceberg.

Ahora el ser humano, no el ser humano de antes, el ser humano de ahora, un ser humano cuya imaginación ya no crea una flecha con un palo, sino que crea cosas increíbles hasta de lo que no se ve, un ser humano que ya no solamente puede observar las flores si no los átomos que las forman, ahora este hombre con esta capacidad creadora y está apertura mental y con una creatividad sin límites y uniendo la imaginación de toda la humanidad, está comenzando a creer de nuevo, está comenzando a tener "fe", pero fe de verdad, en su significado más profundo, sembrando en sí la verdadera semilla del árbol de mostaza de Dios, y Dios le está dando la oportunidad de conocer el universo de la conciencia y el espíritu.

El hombre de hoy está descubriendo el sentido real de la imaginación y la fe, un mundo más allá de lo que se puede ver y lo que no se puede ver, está empezando a crear lo imposible una vez más.

Ahora empieza la era de la creación desde el corazón.
Comienza el tiempo de la magia.
Creación en estado puro.

Y eso es lo que somos, lo que nos diferencia de los demás seres vivos, somos un ser a imagen y semejanza de Dios, somos algo más que eso, no somos solo la creación de Dios, somos la extensión de dios, somos Dios mismo creando, y somos capaz de todo.

Y esto no es solo la capacidad de unos pocos seres humanos, estas habilidades no fueron reservadas para unos cuantos privilegiados, la PNL, la Física Cuántica, la Metafísica y otras ciencias actuales han probado que "lo que un hombre puede hacer, otro también lo puede hacer si recrea el mismo proceso" y esto que ha creado la humanidad es obra digna de dioses y quiero que penséis bien esto, que lo que un hombre puede hacer el otro lo puede recrear y cuando dos o más de vosotros pidáis algo en mi nombre, os será dado y juntos hemos podido crear todo esto.

Entonces
¿Por qué muchas veces sentimos que no podemos hacer tantas cosas tan sencillas?

¿Por qué nos sentimos tan inútiles y limitados a veces?

¿Dónde se esconde nuestra divinidad?

Nuestra divinidad se esconde detrás de nuestros miedos y las creencias limitantes del no puedo.

Si la persona que está leyendo es un ser humano entonces es tan capaz como cualquier otro ser humano de lograr lo que desee. Una de las cosas más fáciles de conseguir, es ser feliz.

Para crear una buena receta de lo que sea, solo tienes que añadir ingredientes buenos y quitar los malos. Es así de fácil.

La receta de la felicidad es algo así.;
Saca de tu vida lo que no te hace feliz y empieza a llenarla de lo que sí. Es como sacar la basura, aprender a decir no, alejarte de todo aquello que consideras negativo y convertirte en la persona que vive la vida que deseas vivir y comparte lo mejor de tu vida con los demás.

Quizás Dios en su plan divino freno nuestra inteligencia, imaginación y capacidad de crear de forma infinita, hasta que nuestra conciencia estuviese a la altura de nuestras capacidades, y creo de verdad que ya hemos llegado a ese estado de conciencia.
Creo que ya hemos llegado a la madurez necesaria para dar el

siguiente paso pues la realidad es que Dios nos está mostrando un mundo nuevo con nuevas posibilidades y nuevas dimensiones, y para poder evolucionar de nuevo en esta nueva etapa de la humanidad tenemos que cambiar nuestra forma de pensar, sentir y ver el mundo.

Yo hoy os voy a dar algunas pistas que me han dado a mí, pistas que se deben seguir para poder encontrar el camino y dar una vez más otro gran paso en la evolución humana y en vuestra propia evolución personal, luego vuestra mente a partir de estas pistas se encargará de encontrar las respuestas, y si nos unimos todos, nos daremos cuenta que las respuestas ya están aquí, dentro de cada uno de nosotros esperando a que abramos los ojos, nuestros verdaderos ojos, que están en nuestro corazón.

Aquí va la primera pista.

AZ Ángel.   El Ángel de la Felicidad.

No hay límites para mí, mis límites los marca mi imaginación.

Entonces si imagino que puedo, podré.

El éxito de un ser humano depende del valor que le des cómo ser humano, y el valor es interior no exterior, el valor es emocional y espiritual no material ¿y que significa esto?

Pues bien, el valor real no viene de lo externo como el dinero, la educación, la influencia del entorno o nuestro cuerpo físico.

El valor real es el valor que le das a un niño como ser humano sin necesidad de lograr nada, es el valor y la importancia que le comienzas a dar desde antes de nacer (la autoestima y la seguridad en sí mismo).

Si un niño cree que tiene gran valor, que él vale tanto como cualquier otra persona, él pensará, y estará en lo correcto, que es capaz de lograr lo que cualquier otra persona ha logrado y no tendrá ningún problema o miedo en comenzar a hacerlo, comprometerse, ser constante y lograrlo.

Todo lo que ha logrado, estudiado, aprendido, adquirido, una persona en cualquier campo, otra persona cómo Yo lo puede lograr, si realmente lo creo "si tengo fe en mí mismo".

¿Y cómo se logra que un niño se crea capaz de hacer cualquier cosa?

¿Cómo se logra que un niño se valore y tenga seguridad en sí mismo?

Busca la historia de Jennifer bricker, Paige Calendine o de Nick Vujicic.

Pues es muy fácil; el arte de conseguir que una persona se valore, tenga fe en sí mismo y crea que lo puede lograr todo lo que se proponga, se llama;

lenguaje de programación mental positiva para el éxito personal,

y empieza con el amor incondicional.

la mayoría de las personas relacionan la programación con los computadores y tienen toda la razón. Las computadoras se programaban usando un grupo de instrucciones para que hagan una labor determinada y a ese grupo de acciones se le llama programa, aplicación o software en inglés y es creado con un lenguaje de programación. Este lenguaje de programación es muy parecido al lenguaje que usan el sistema educativo, nuestros padres, los medios de comunicación y las religiones principalmente, cuando nos enseñan lo que desean que aprendamos. "Programa de televisión" ¿A que se asemeja esto? Cuidado con los programas que ves.

El lenguaje de programación es cómo hablarle a la computadora y darle instrucciones. Estas instrucciones están formadas por frases, formadas a su vez por palabras, tiene signos de puntuación, condicionales, adjetivos, verbos, etc.

Muy, muy resumido sería algo así; al computador le dices que es lo que tiene que hacer si ocurre una situación y que tiene que hacer si se presenta otra, lo que no se puede hacer y lo que sí se puede hacer, lo que tiene que decir o cómo debe actuar en cada situación en que se encuentre.

Un computador no puede hacer nada que no tenga programado, no importa lo potente que sea. Nosotros tampoco. Simplificando, lo que hace que un computador sea más potente que otro es su procesador y la energía que lo hace funcionar, lo que lo hace útil es el software que tiene programado, sus pensamientos.

Los seres humanos tenemos todos el mismo procesador, que es ilimitado, y que alcanza más o menos potencia dependiendo de la cantidad de energía que le demos, al igual que cualquier máquina que funciona con energía.

Por lo que en realidad lo que diferencia a unos seres humanos de otros es el software que tienen programados, sus creencias, sus pensamientos.

Al igual que los computadores, no podemos hacer aquello para lo que no estamos programados para hacer.

Todo en el Universo es información y energía. Nosotros somos una parte del Universo y funcionamos por las mismas leyes que el resto del Universo.

Ya tenemos la máquina adecuada que es como un súper robot y es nuestro cuerpo junto con nuestra mente, dependiendo de la información que tenga y la energía que le pongamos puede llegar a crear lo que desee.

No hay límites.

Lo más fácil de lograr es la felicidad.

Entonces ¿Qué es lo que nos limita?

El cerebro humano se programa igual muy muy parecido a un computador, con la diferencia que para que queden implantadas las órdenes, por llamarlo de alguna manera, por lo general necesita la repetición continua, a excepto de los miedos y la información aprendida junto a una emoción muy intensa. Después de repetir la orden el suficiente número de veces y la cantidad de días necesarios, esa información forma un hábito, este hábito es un programa que se repite y te lleva a actuar cada día de una forma en particular. Estos programas o hábitos se adaptan dependiendo de donde nazcas y nos crean un estilo de vida, que es correspondiente al de un estrato social en que nacemos dentro de una sociedad determinada, en una cultura determinada.

La menera mas facil de programar a un ser humano es cuando está en un estado alterado, que es como cuando estamos en el estado de hipnosis, entonces es muy facil sugestionarnos, introducir ideas y programarnos información sin que nos demos cuenta ni pongamos resistencia. Este es el estado en que estamos cuando vemos la televisión, jugamos juegos en el computador, usamos el movil o estamos pendientes de las redes sociales. Los programas de televisión y sobretodo los anuncios nos programan constantemente, por eso es muy importante saber que es lo que estan viendo nuestros hijos.

Recordar que lo que vemos son programas de televisión.

Hay muchos otros momentos del día en que nos encontramos en este estado mental. Cada vez que pensamos en algo o soñamos despiertos, lo hacemos mientras caminamos, comemos, vemos cosas en las tiendas, cuando recordamos algo del pasado o imaginamos cosas que tenemos que hacer o deseamos hacer. Cada vez que nos desconectamos del mundo exterior y entramos en nuestra mente estamos en un estado alterado en que somos fáciles de sugestionar y programar, que es casi todo del tiempo.

Solamente tenemos control de nosotros mismos cuando vivimos en el aquí y en el ahora.

Somos muy fáciles de sugestionar y programar y los medios de comunicación y la publicidad lo hacen todo el tiempo, influyen en nosotros y nuestras decisiones todos los días.
Gastan billones de dolares al año para este propósito.

Influir en nosotros para que tomemos las decisiones que ellos quieren que tomemos.

Esto es parte de la programación limitante que nos hace sentir tan limitados :)

La razón por la que el cerebro humano es tan similar de programar a la forma de programar una computadora es porque las computadoras se crearon copiando lo más aproximadamente posible la forma en que trabaja el cerebro humano y cómo aprende este, ya que nuestro cerebro es ilimitado.

Podemos ver cómo la ciencia de la computación, la robótica y la inteligencia artificial parece evolucionar sin límites y es por que está siendo copiada de la manera en que funciona nuestro cerebro.

Digamos que los seres humanos no es que seamos cómo los robots, más bien las computadoras son una simulación de cómo funciona el cerebro del ser humano al igual que los robots serán imitaciones a los seres humanos.

La computadora al igual que el ser humano tiene dos partes principales en común para funcionar las cuales son el procesador y la memoria, el cerebro humano además tiene una más que es la creatividad, el pensamiento abstracto que es la capacidad de crear conceptos e ideas nuevas en forma de imágenes, sonidos, olores, sabores, sentaciones y emociones en su imaginación, que luego traduce o expresa en forma física a través del lenguaje hablado o escrito, las artes como la pintura o la música, las matemáticas....

los computadores sencillamente no pueden hacer eso.

Los computadores al igual que nosotros tienen contacto con una inteligencia superior que los ha creado, luego otros que los programan para un propósito determinado y finalmente otros que los manipulan y los usan para distintas tareas desde juegos y recreación a tareas específicas prácticas enfocadas en la producción y con un beneficio para el que lo maneja, pero no para el programado.

Lo que quiere decir que nos programan para beneficio de otros y no para beneficio nuestro.

Lo más interesante de todo esto es que los seres humanos podemos "reprogramarnos" nosotros mismos.
Podemos programarnos información que nos sea útil, nos permita ser felices y vivir una vida propia.

Se piensa que la programación de cada ser humano cosnta de unos 65.000 pensamientos implantados, que son más o menos los pensamientos que cada ser humano tiene diariamente y son prácticamente los mismos que tuvo el día anterior y los que tendrá el día siguiente y todos los días de su vida.

Los pensamientos base son programados principalmente por nuestros padres o cuidadores a través de las creencias que les programaron a ellos los suyos y así fue por generaciones. Y los aprendemos a base de premio o castigo. Si aceptas y aprendes mis creencias te doy un premio, te apruebo, te doy afecto y cariño y si no, te desprecio y castigo. No hay opción. Tampoco hay amor incondicional, que es la piedra angular del desarrollo personal de cada ser humano para alcanzar su máximo potencial.

Más adelante, a medida que crecemos, más pensamientos y hábitos nos son programados en las escuelas y los medios de comunicación. Ocurre lo mismo, aprendemos conceptos heredados, casi los mismos desde hace cientos de años, que se obligan a memorizar, implantando una historia, unas ciencias y unas creencias que debemos aprender sí o sí, que no son más que reglas para integrarnos en el sistema. Esta forma de enseñar, además nos programa a aceptar ideas y órdenes de "personas supuestamente superiores, los adultos" sin discusión ni cuestionarnos, y que evitan el pensamiento propio. Todo se aprende igual, a base de premio o castigo, y lo más poderoso, ser aceptado y elogiado o despreciado y humillado en la mayoría de los casos.

Es un sistema educativo, donde si no vales para todo, no vales para nada.

Donde ser especialmente muy bueno y centrado en algo, y que no te interesen otras asignaturas es discriminatorio y causa de castigo, exclusión social y expulsión del sistema educativo, y se te cuelga un cartel de burro y tonto, o revedme, inadaptado ..... y de no vales.
Por lo general las personas que son muy buenas para algo no se suelen poder concentrar en más que una o dos o tres cosas a la vez, su inteligencia primaria está muy desarrollada y enfocada

en algo en particular, y a las otras inteligencias u otras actividades no se les pone especial atención, por eso son muy buenos en unas asignaturas y muy malos en otras.

Muchos de los estudiantes que no van bien en la escuela durante el trascurso del año son capaces de aprobar los examenes finales estudiando todo el temario del curso en unos pocos días. No es cuestión de inteligencia, es cuestión de interes. Son personas que sencillamente no encajan en este sistema.

Estas cualidades e inteligencia suele estar desarrollado con el hemisferio derecho del cerebro el cual tiene que ver con la creatividad, el pensamiento abstracto y pensamiento propio entre otros.

El sistema de forma muy inteligente suele incitar a los padres a que castiguen a sus hijos sin hacer deporte, o sin dibujar o crear, dejar de socializar o encerrarlos sin salir y les obligan a centrar su atención en las asignaturas que más tienen que ver con la adaptación al sistema y el pensamiento analítico que menos tiene que ver con el pensamiento creativo y ellos mismos, en vez de reforzar y apoyar a desarrollar las cualidades principales de sus hijos

Por lo general es el sistema educativo el que decide cuánto vale una persona, incluso muchísimos padres deciden cuánto valen sus hijos dependiendo de lo que diga el sistema. Si el estudiante se acerca más al modelo de persona y de mentalidad que pretende implantar el sistema en la personas, entonces es más válido, notable o sobresaliente. Si tienden más a un pensamiento propio y creativo, tiende más a un crecimiento personal independiente en vez de obediente e integrado en su estrato social, entonces lo descalifica y hace que la sociedad a su alrededor lo descalifique también.

No tratamos de hacer una crítica destructiva de la manera en que funciona el sistema, solo mostramos como funciona. El sistema en que vivimos tiene muchas ventajas aunque limita casi a mínimos la capacidad de crecimiento personal de los seres humanos, pues lo que le interesa es que las personas se integren y permanezcan en su sitio, su puesto de trabajo toda la vida, en vez de pensar por sí mismas y buscar un crecimiento personal constante que les permita expandirse tanto como desean y crear y vivir la vida que deseen.

Estos pensamientos limitantes programados junto el miedo programado a pensar por nosotros mismo, el miedo a ser curiosos y perseguir nuestros sueños, es lo que hace que pensemos que no podemos, que somos muy limitados y que nos parezca tan difícil cambiar nuestra situación actual o nuestra forma de ser.

"Todos somos genios. Pero si juzgas a un pez por su habilidad de trepar árboles, vivirá toda su vida pensando que es un inútil".
Albert Einstein.
Albert Einstein tubo siempre las calificaciones mas bajas de su escurla. Era considerado tonto.

"Dos científicos que trabajaron para la NASA, la Dra. Bet Hartman y el Dr. George Land, después de realizar un estudio miles de veces, llegaron a la siguiente conclusión.

"Nacemos genios y morimos idiotas, y entre medias el sistema educativo." Tan solo en 20 años el sistema educativo reduce el pensamiento creativo de los seres humanos, el que nos hace pensar por nosotros mismos y tener ideas propias, de un 98% cuando son niños a tan sólo un 2% después de terminar la universidad."

"No es que no podamos, pues somos ilimitados, es que nos han programado durante toda la vida para pensar que no podemos."

"Si cabe en tu mente, cabe en tu mundo."

David Rodríguez, cantante de "Sie7e."
Mira su historia en YouTube :)

Juega a triunfar y ser feliz y Comienza a liberar tu mente.

La actividad que se realiza de manera no profesional y ocupa de forma continua parte de la vida de una persona y que le gusta realizar se llama juego o pasatiempo, y cuando forma parte de la vida de la persona destinada a su sostenimiento de vida se le llama profesión, y cuando está ocupación diaria no te gusta se llama trabajo.

Trabajo es algo que no te gusta hacer, qué estás haciendo para otra persona o entidad a cambio de un salario que usas para mantener una vida mes a mes, donde la empresa para la que trabajas recibe la mayor parte de la ganancia producida por tu trabajo.

El éxito comienza cuando hago de mi pasatiempo o hobbie, mi forma de vida, mi vida y mi vocación, cuando hago de mi forma de vida una extensión de lo que siente mi corazón.

La Paz interior resulta cuando lo que siento, lo que pienso y lo que hago, es coherente.

PARA SER EXITOSO JUEGA A SER EXITOSO,

juega a triunfar y ser feliz, practica en tu tiempo libre lo que te gusta y mejor se te da hasta que puedas vivir de ello.

El éxito de tus hijos depende del lenguaje de programación que se ha usado y se usa para programarlos.
Todo lenguaje está formado por palabras y construcciones más complejas llamadas frases y eso es todo lo que necesitamos para programar a nuestros hijos para el éxito.
Si, es así de fácil, usa las palabras correctas.

La máxima expresión del exito es la felicidad, si no eres feliz no hay exito, solo te han engañado con adulacion y compensaciones para que dediques tu vida a vivir la vida que otros necesitan que vivas.

Estas personas super exitosas suelen ser de tipo "A" y acaban muriendo jovenes de infartos, cancer, sufren de "Burnout laboral" u otras enfermedades relaccionadas con el estress y el no vivir una vida propia y feliz.
Estas personas son muy fáciles de manipular con elogios, regalos, estatus social, titulos, poder o dinero.

La Felicidad y Exito está en amar lo que haces y compartirlo con los demás :)

No más excusas. Las discapacidades son mentales.

El éxito y la felicidad de nuestros hijos está al alcance de todos los papás pues es tan sencillo como decir las palabras y frases correctas, y para eso no hace falta, dinero, ni educación en un buen colegio, ni vivir en un buen barrio, ni nada que venga de algo externo material, absolutamente nada.

Aunque le sorprenda la felicidad y el éxito no depende de eso. Usted dirá que hace falta ir a la escuela para aprender alguna profesión y que hace falta una buena alimentación para crecer sano y el barrio en que vive uno influencia mucho en las personas y sobretodo en los niños, y probablemente desde el lado en que ves las cosas en este momento estás totalmente en lo cierto, porque es la forma de pensar que tienes en este momento con la información que te han dado (tu programación mental) es lo que se llama un mapa mental, tu visión del mundo, del mundo que tú te has creado a partir de lo que te programaron, de las posibilidades que hay, de lo que se puede o no se puede hacer y de lo que es necesario para lograrlo, donde ves cada una de las cosas externas como parte de ti y dependiendo de si las tienes o no o en la cantidad y calidad de lo que poseas podrás lograr unas cosas u otras, como la educación, el dinero o la perfección física entre otras (Cada persona tiene las suyas.), y si estas no son las ideales para ti en tu vida, tú te sentirás incompleto como si tuvieras una discapacidad.

Pero entonces cómo es que personas que nacieron en barrios muy pobres, no tuvieron educación en una buena escuela o ni siquiera fueron a la escuela y tenían discapacidades físicas consiguieron llegar a ser grandes personas, famosas, millonarias y que dieron ejemplo a otros muchos. Otras muchas no fueron famosas ni millonarias, pero consiguieron tener una vida feliz y exitosa.

Como personas sin piernas o brazos viven felices del deporte o como sordos componen música o mudos han llegado a ser grandes comunicadores, como es que personas con síndrome de down terminan carreras y viven vidas normales y personas que nacieron con parte de su cerebro inútil son ahora genios, y así hay millones de casos más.

la razón por la cual para usted esto resulte muy muy difícil o prácticante imposible y sin embargo muchas más personas de las que usted pueda imaginar aparentemente discapacitadas viven una vida feliz y exitosa, es que esta personas aparentemente discapacitadas no tiene en el mapa mental de la mayoría de las personas. Esa manera de ver el mundo, nos dice que estas personas tienen una discapacidad que no les permite tener una vida normal y la verdad es que todos, absolutamente todos los que pensais así tenéis razón,

Una discapacidad severa nunca, nunca, nunca te permitirá vivir una vida normal y mucho menos triunfar y hacerte millonario, una discapacidad nunca te permitirá ser feliz.

La razón de que estas personas triunfen es que ellas nunca tuvieron una discapacidad,

Ellos nunca pensaron que les faltase nada para lograr lo que deseaban.

Ellos nunca consideraron que tenían una discapacidad.

No me crean a mí, pregúntenle a ellos, pero les darán la misma respuesta, hay personas que seguirán pensando que eso es estúpido e imposible y la verdad es que tendrán razón, su forma de pensar nunca permitiría que ninguna de estas personas que para la mayoría tienen una discapacidad muy obvia pudiesen tener una vida exitosa, pero lo cierto es que pensando de la otra manera estas personas, **las que no ven ninguna discapacidad en sí misma, viven una vida feliz y exitosa,** muchísimo mejor que la mayoría del resto de las personas, así que en realidad les deberíamos dar la razón a ellas ya que no solo lo piensan si no que lo demuestran.

AZ Ángel.   El Ángel de la Felicidad.

Capítulo 21

Para crear una nueva vida, debo ver la vida desde una perspectiva diferente.

No se puede resolver un problema con la misma mente que lo a creado, así que si estás envuelto en una situación que no te gusta o una vida que deseas mejorar, lo primero que tienes que hacer es cambiar lo que tienes dentro de esa cabecita; tus creenacias, tus emociones, tu energia, tus pensamientos, tus valores o todos ellos :)

Observemos el mundo desde una perspectiva diferente de la que quizás hemos estado observándolo.

La diferencia entre las personas que triunfan (tienen una vida feliz y exitosa) y las que no

viven felices independientemente de si tienen dinero o no, es su forma de pensar, de cómo ven ellos el mundo, o lo que es lo mismo **es su programación mental.**

Para comprenderlo, todo tenemos que observar el mundo, la naturaleza y entender cómo funciona,

no solo el mundo de la sociedad humana, si no todo, el mar y su comportamiento con sus mareas y sus olas, las corrientes marinas, los ríos, cómo se forman y cómo van encontrando su camino y con el tiempo como van desgastando y moldeando el paisaje al igual que el viento lo hace sobre él, observa las tormentas, como se forman, como avanzan como se descargan, como forman en sus nubes las cargas de energía que explotan y liberan increíbles y poderosos rayos y el sonido de la explosión se puede oír a decenas de kilómetros. Podemos observar los animales como se cortejan unos a otros y cómo se aparean, como nacen y crecen y cómo viven, el león es león y caza y vive en la sabana y el águila es águila vuela en lo alto y vive en las montañas y el delfín vive feliz en el mar y no se cree inútil porque no puede correr o volar. Mira la noche, crees que no se siente bien consigo misma porque no hay luz o el día se siente menos porque no deja ver las estrellas y su luz no deja descansar y recuperarse a los seres vivos, crees que el sol se siente menos que la luna o la luna se siente menos que el sol. Sí, yo sé que esto suena a cuento o fábula pero en realidad es cierto,

190

"todos somos diferentes, todos tenemos cualidades diferentes,

la falta de una cualidad no es una deficiencia."

Por supuesto que el cojo no va a utilizar sus piernas para saltar o el ciego sus ojos para ver, claro que el mudo no usará el lenguaje hablado para comunicarse, eso es obvio,

pero **a estas personas nunca nadie les dijo que esto era un problema para lograr lo que ellos querían,**

les dijeron que la falta de una cualidad no es una deficiencia, que tenían otras muchas cualidades para lograr lo que querían , y que no hay una sola manera de lograr algo si no muchas, tanta como mi creatividad me permita imaginar.

Y eso fue lo que hicieron, imaginaron la manera en que se podía lograr usando sus propias cualidades.
Cada día vemos milagros en el mundo, somos testigos de cómo se logran cosas que parecen imposibles, inventos de ciencia ficción y fantasías que se hacen realidad y eso es gracias a que hay

personas que piensan que para lo que la mayoría de las personas es imposible, para ellos es perfectamente posible y saben que lo pueden lograr de una manera muy sencilla, viendo el mundo de una manera diferente.

> ## "Lo imposible en este mundo es posible si ves el mundo desde otra perspectiva."

Pero algunos de ustedes me dirán;

¿Cómo puedes ver algo que está delante de tuyo, verlo con los mismos ojos, desde el mismo ángulo, en las mismas condiciones de luz y ambientales y sin tomarse alucinógeno y ver algo totalmente diferente?

Bueno, la verdad es que es muy sencillo. Un día muy lluvioso puede ser algo muy diferente para muchas personas; Para algunas un día de sus vacaciones desaprovechado, para agricultores que están perdiendo sus cosechas por la sequía es la esperanza que vuelvan tiempos mejores, poder salvar sus cosechas y no quedar arruinados, para algunos niños en el trópico una oportunidad de salir a jugar en los charcos bajo la lluvia y quitarse el calor por un rato, para otros un día triste imaginando que su esposo que es pescador y salió en su barco a alta mar podría estar en peligro, para otros un día feliz recordando como algún día, la lluvia los hizo correr a refugiarse y al entrar en alguna tienda encontraron ahí al amor de su vida, en algún lugar unos niños escucharon un ruido al otro lado de la puerta de su casa, un ruido que casi se confundía con el de la lluvia, y al abrir encontraron un cachorrito mojado y tiritando al que acogieron en contra de los deseos de su mamá y que acabó siendo uno más de los miembros de la familia, y así podríamos contar un millar de historias, de lo que significó el mismo día de lluvia para muchísimas personas.

Walt Disney imaginó un mundo increíble que empezaría con un ratón que nadie quiso, tesla vio imágenes y sonido viajando por el espacio a través de ondas invisibles que más tarde se convertirían en la radio y expandirían la imaginación de otras personas que ven el mundo diferente a los demás, crearían las comunicaciones satelitales y luego la televisión y los teléfonos móviles y muchos otros inventos.
Los hermanos Wright vieron en el viento invisible, la resistencia que haría en las alas de unas máquinas que se elevarían volando por el cielo y que transportarían algún día a miles de personas, y René Quinton vio en el agua del mar la cura a todas nuestras enfermedades.
Alguien vio libros que servirían para compartir el conocimiento de la humanidad en las cortezas de los árboles y los pigmentos de las plantas, cuando otros creaban en su imaginación telas hermosas que vestirían al mundo con esos mismos pigmentos y el algodón que crecía en los prados, otros crearon acueductos y puentes, casas, iglesias y pirámides en su imaginación con las piedras que a otros estorbaban en los caminos, mirando la arena imaginaron esculturas de cristal, lámparas divinas que colgarían de los techos de los palacios de los reyes y emperadores, y vasos

y copas que formarían parte de sus mesas en los banquetes, y fundiendo esa arena los crearon.

Y crearon cada uno de esos sueños, fantasías imposibles para unos, pero reales para aquellos otros que las hicieron posibles, y hoy forman parte de nuestras vidas. Y sencillamente fue porque vieron el mundo de una manera diferente, sentados en el mismo lugar que cualquier persona del resto del mundo pudiese estar sentada, mirándola con los mismos ojos, en las mismas condiciones, y aun así veían distintas cosas, veían el mundo de una manera diferente a los demás.

¿Y saben ustedes por qué?
¿saben ustedes cómo?
pues muy sencillo.

Todo eso lo lograron dos palabras programadas muy fuertemente en sus mentes por sus padres o las personas que los criaron, y esas palabras son:

Tú puedes.

Cualquier cosa que imagines en tu
mente la puedes lograr

y esos niños lo creyeron, creyeron que cualquier cosa que pudieran imaginar, crear o lograr en su mente, era totalmente posible, no en parte si no en su totalidad y **¿saben qué ocurrió? que su mente comenzó a buscar la manera de lograrlo y no paró de pensar hasta que logró crearlo.**

Tenemos una mente muy cabezota y terca y cuando se cree que puede hacer algo se hace una pregunta mágica y esa pregunta es;

¿Cómo lo hago?

y saben algo muy curioso de este mundo, uno de sus grandes misterios es, que....

toda pregunta tiene siempre, siempre, siempre, una respuesta

y eso es algo increíble, es la razón de que hoy podamos ver todos los avances que ha creado la civilización humana, que hayamos pasado de vivir como el resto de los animales, una vida muy sencilla recogiendo los frutos de la naturaleza, vivir en cuevas y viajar cortas distancias a ser capaces de crear casas maravillosas, viajar por todo el mundo por el mar, el aire y la tierra, comunicarnos con cualquier persona del planeta y verla en tiempo real tan solo sacando un pequeño aparato de nuestro bolsillo, crear corazones y partes del cuerpo en un laboratorio y miles de otras cosas fantásticas.

Así que se sabemos algunas palabras mágicas que me hacen increíble, y son palabras capaces de programar a nuestros hijos y a nosotros mismos para hacer real lo imposible y llegar a vivir una vida feliz y exitosa. Y lo mas facil de hacer es ser feliz.

las primeras son:

**Tú puedes lograr lo que desees.
Tú puedes sentirte siempre feliz y vivir una vida feliz.**

**Yo puedo lograr lo que desee.
Yo puedo ser feliz siempre que lo desee.**

**Todo lo que se imagina se puede lograr.
Si cabe en mi mente, cabe en mi mundo.**

Toda pregunta tiene siempre, siempre, siempre, una respuesta.

"El mundo no es lo que se ve, el mundo es lo que se imagina dentro de nuestra mente y es diferente para todos dependiendo de nuestra imaginación, por eso todos vemos el mundo de una manera diferente."

AZ Ángel.   El Ángel de la Felicidad.

Capítulo 22

Hay muchas maneras de lograr la vida que deseo. Si una no vale, prueba con la siguiente.

No existen las discapacidades. Nacemos con todo lo que necesitamos para triunfar y ser felices.

Para esto tenemos que puntualizar que aparte de que hay muchas maneras de lograr algo, para lograrlo no hacen falta todas nuestras capacidades, para la mayoría de las profesiones solo harían falta una o dos de las cualidades que consideramos que si no tuviésemos serían discapacidades.

Para empezar para la mayoría de los puestos de trabajo que se hacen no te hacen falta las piernas, si pudiésemos transportarnos de muchas maneras ya inventadas podríamos realizarlos solo con el tronco superior, para otros como muchos en el campo de la comunicación como los locutores de radio o comentadores de los partidos de fútbol o eventos, tan solo les haría falta la cabeza.

Si es cierto que me estoy yendo a los extremos, pero en realidad es cierto, y hay personas que han logrado sobresalir en distintas áreas en las que las demás personas piensan que sería imposible en sus condiciones.

Si estas personas han logrado tener una vida mucho más que normal, feliz y exitosa con menos recursos físicos y mentales que los demás.

Hablemos entonces de las personas que la mayoría considera que no tienen ninguna discapacidad.

¿Por qué no logran tener la vida que desean?
La respuesta es que piensan que no pueden.

¿por qué?
Por la programación mental negativa, programación mental "no puedes."

Pero lo cierto es, que ¡Yo Sí Puedo! al igual que podemos todos los seres humanos.

¿De dónde viene la programación negativa?
Primero de nuestros papás, luego el colegio, religión, televisión y el entorno.

Que nos venden una visión única y limitada de que se puede hacer y de que no se puede hacer, que es verdad y que no es verdad, de cómo se pueden y deben de hacer las cosas y como no y solo existen esas posibilidades.

Pero ahora que sabemos estas cosas, ya no tiene que seguir siendo así. Yo puedo romper la cadena y comenzar una cadena nueva, enseñando a mis hijos que son tan válidos como el mejor de los niños, y que pueden lograr cualquier cosa que se propongan.

Lo que nos programan es UN MAPA MENTAL BASADO EN QUE NO SE PUEDE HACER ALGO DIFERENTE A LO QUE SE HA ESTABLECIDO, Y AQUEL QUE PIENSE LO CONTRARIO ESTÁ LOCO, enfermo, es rebelde, inconformista, inadaptado, deficiente mental, etc.

A los niños que se suponían que eran normales y no veían ningún problema físico o mental aparente en ellos, o lo que comúnmente se llaman discapacidades, sencillamente les enseñaron lo que a todos nos enseñan, las reglas de cómo vivir en el sistema SIN SOBRESALIR.

A los que nacieron con alguna diferencia a los demás, los llamaron discapacitados, no aptos para adaptarse al sistema o por lo menos no sin dificultades para vivir una vida normal.

UNOS NIÑOS LLAMADOS TONTOS PORQUE NO SERVÍAN EN LA ESCUELA DEL SISTEMA y muchos de ellos decidieron no terminarla o fueron expulsados, algunos, con deficiencia de atención, síndrome de Asperger o síndrome de Down entre otras, que les llevaron a ser llamados bobos o tontos en la escuela, cómo le ocurrió a **Alber Einstein, Nicola Tesla, Charles Darwin, Baldimir Putin, Bill Gates, Steven Spielberg, Tim Burton, Andi Warhol, Isaac Newton, John Nash, Susan boyle, Woody Allen, Leonel Messi**, entre muchos otros.

Otros cómo **Tommy Jesson, Francisco de la Fuente, Lauren Potter, Megan McCornic, Valentina Guerrero, Chris Burke** o **Stephen Hawking** el niño tonto de la clase.

Otros tenían discapacidades físicas y que lograron lo supuestamente imposible para el sistema cómo **Nick Vujicic, Andrea Bocelli, Alex Znardi, Aaron Fotheringham, Mozard, Nelson Cardona, Jennifer Bricker o Zheng Tao** y muchísimos más.

Algunos papás no vieron en esto un problema, se dijeron a sí mismos;

MIS HIJOS SERÁN IGUALES O MEJORES QUE LOS DEMÁS Y TENDRÁN UNA VIDA FELIZ, DIGNA Y EXITOSA.

ASÍ QUE LES DIJERON SUS HIJOS UNA Y OTRA VEZ QUE CUALQUIER COSA QUE DESEASEN HACER LA PODRÍAN LOGRAR

Y ESTOS NIÑOS VERDADERAMENTE LO CREYERON,

se convencieron de que podrían lograr cualquier cosa, fuese lo que fuese. Y resultó que algunos de esos niños soñaron mucho más que vivir una vida normal en el sistema,

ESOS NIÑOS SOÑARON EN GRANDE

y cómo estaban convencidos que podían lograr lo que sea,
LOGRARON SUS SUEÑOS

Y MUCHÍSIMOS DE ELLOS SON AQUELLOS QUE HAN CONTRIBUIDO A LOS MAYORES LOGROS Y AVANCES DE LA HUMANIDAD.
LOS LLAMADOS GENIOS.

NO SOLO FUERON LOS PAPÁS DE LOS NIÑOS DISCAPACITADOS LOS QUE PROGRAMARON ESA IDEA EN SUS HIJOS,

No fueron solo niños discapacitados, fueron todos aquellos niños a los que un día sus papás les dijeron una y otra vez que no importa lo que dijeran los demás

ELLOS PODÍAN LOGRAR CUALQUIER COSA QUE SE PROPUSIERAN, POR MUY DIFÍCIL QUE PARECIERA. Y ASÍ FUE.

ASÍ QUE PARA EL SISTEMA EN QUE VIVIMOS, TODAS ESTAS PERSONAS NO VALÍAN, TODOS LOS GENIOS ESTÁN MUERTOS PORQUE A LOS QUE ESTÁN VIVOS LOS LLAMAN LOCOS.

Y YO LA VERDAD ES QUE ESPERO QUE VUESTRAS MENTES SE ABRAN, SE LLENEN DE DUDAS Y CURIOSIDAD, QUE SE COMIENCEN A CUESTIONAR DE SI ESTO ES TODO LO QUE HAY O SI POR EL CONTRARIO EL MUNDO ESTÁ LLENO DE POSIBILIDADES INCREÍBLES PARA MI TAMBIÉN.

QUISIERA QUE DE AQUÍ SALIERAN MUCHOS, PERO MUCHOS DE ESOS LOCOS.

PARA MI, SOIS VISIONARIOS, CREATIVOS, LOS GENIOS QUE SIEMPRE QUE FUERON CRITICADOS EN SU MOMENTO PERO SUS IDEAS GENIALES CAMBIARON EL MUNDO Y LOGRARON Y SIGUEN LOGRANDO QUE LA HUMANIDAD EVOLUCIONE.

Lo contrario son palabras y frases de programación negativa y su resultado es la limitación del ser humano, la tristeza y vidas vacias.

PERO ESO SE PUEDE CAMBIAR Y LO SE POR QUE YA SE HA LOGRADO.

LOS MAYORES PROGRAMADORES PARA EL CAMBIO SOMOS NOSOTROS MISMOS, NO DEPENDEMOS DE NADIE.

NOSOTROS PODEMOS CAMBIAR NUESTRA FORMA DE VER EL MUNDO Y PODEMOS CONVERTIRNOS

EN UNOS SÚPER PAPÁS Y PROGRAMAR A NUESTROS HIJOS PARA LA FELICIDAD, LA LIBERTAD Y EL ÉXITO.

A TRAVÉS DEL lenguaje de programación positivo,

programación

yo sí puedo,
tu sí puedes.

Y lo cierto es que, sí podemos, podemos lograr lo que sea
Yo y todos podemos lograr lo que sea

SI TENEMOS SUEÑOS Y METAS, UN PLAN PARA LOGRARLO, Y EL COMPROMISO PARA SEGUIR HASTA EL FINAL HASTA CONSEGUIRLO, con constancia, disciplina y fe.

FE es saber, tener la certeza que si persisto en mi propósito antes o después ocurrirá, por eso nunca me rindo, porque sé que va a ocurrir.

Si nos unimos todos, lograremos dar el siguiente paso de la humanidad, un paso que ya no solo nos lo pide nuestra mente si no que nos lo pide nuestra esencia, nuestro espíritu, nuestro corazón.

"Todos unidos somos uno, todos unidos somos Dios."

Cada uno de nosotros es un ser perfecto e incompleto a la vez, cada uno de nosotros somos la pieza única, maravillosa y perfecta que forma parte del rompecabezas de la creación de Dios.

Cada uno de nosotros somos originales e increíbles y debemos estar orgullosos de ser diferentes y únicos pues eso nos hace ser nosotros mismos.

Capítulo 23

Enfócate, Agradece y Ama lo que tienes, porque lo que tienes te lleva a lo que deseas.

El juicio hace al hombre.

Hay personas que han nacido ciegas, otras sordas, otras mudas, otras sin brazos, otras sin piernas, algunas otras nacieron con discapacidades mentales.

Muchas de esas personas tuvieron una vida increíble y otras tuvieron una vida desgraciada.

Hay una gran diferencia entre aquellas personas que consiguieron triunfar y ser felices, ser grandes personas y un ejemplo para la humanidad y otras que no sobresalieron, realmente nadie las conoce más que sus padres y poco más. Eran introvertidos, los hicieron fracasar en el colegio y nunca consiguieron tener un buen sitio en la sociedad.

Las primeras, desde el vientre escucharon, sintieron cómo sus papás decían. "VOY A TENER UN HIJO GANADOR, VOY A TENER UN HIJO FELIZ, VOY A TENER UN HIJO QUE VA A DESARROLLAR SU MEJOR CUALIDAD Y LA QUE MÁS FELIZ LE HACE, AL MÁXIMO, SEA CUAL SEA, Y YO LE VOY A APOYAR."

Las otras personas que tuvieron dificultades es porque sus padres cuando se enteraron que iban a ser papás, en ese momento no esperaban ese cambio de vida y no recibieron la noticia con mucha ilusión o quizás sin ninguna y realmente no querían tener un hijo en ese momento, así que ese niño escuchó desde el vientre que no era deseado y sus papás al crecer no les dieron el amor, apoyo positivo y el cariño que necesita una persona para triunfar y ser feliz.

Otros papas si deseaban a sus bebés y mucho, pero estaban muy integrados al sistema y su forma de pensar y cuando se dieron cuenta de que su hijo iba a nacer algo diferentes a la mayoría se dijeron,

Oh! No! Mi hijo es diferente, tiene una discapacidad. Ya la hemos fastidiado.

Porque para integrarse en el sistema tienes que estar física y mentalmente lo más perfecto posible, para que te valla súper bien, puedas ir a la escuela y poder ser bueno en todo, sacar unas buenas calificaciones, luego seguir estudiando y puedas tener una buena profesión y así posicionarte en la sociedad de una manera cómoda, tendrás un buen salario y una buena vida.

ESA ES UNA MANERA MUY COMÚN DE PENSAR.

Cuando vieron nacer a sus hijos con una deficiencia, dijeron; "Wow, no va a poder adaptarse al sistema y su vida va a ser un fracaso". Y desde pequeño se lo dijeron, de una u otra manera, dijeron "Pobrecito, mira que es sordo, mira que le falta una pierna, mira que ha nacido sin brazo, que tiene una discapacidad, pobrecito."

Entonces comenzaron a cuidarlo cómo un niño pobrecito, para que crezca pobrecito, para que la sociedad le vea cómo pobrecito y le den ayudas de pobrecito y acabe siendo muy, muy pobrecito y sea una persona que estará dependiendo de alguien siempre por que le criaron cómo si no fuese capaz de hacer mucho o nada, desde pequeño fue un niño dependiente, pensaban que no podría hacer nada por sí mismo y lo hacían todo por él.

La diferencia entre estas personas y las que triunfaron, es que las personas que triunfaron, llegaron a ser felices y tener éxito en su vida, es que cuando eran niños, cuando eran bebés, desde el vientre comenzaron a escuchar de sus papás.

 "MI HIJO VA A SER UN TRIUNFADOR, MI HIJO VA A LOGRAR TODO LO QUE PUEDA LLEGAR A LOGRAR, SI O SI."

Cuando nacieron sus hijos y vieron la discapacidad, se dijeron Wow, que increíble tengo un hijo ganador. Le falta el oído, es mudo, no importa. Tenemos 5 sentidos 6 si contamos con la intuición. Solo le falta el oído, no importa, y **en vez de enfocarse en lo que le faltaba se enfocaron en lo que tenía, vamos a**

enfocarnos en desarrollar al máximo sus mejores cualidades.

El resto de los papas se enfocaron en la supuesta deficiencia que tenía su hijo y digo supuesta porque no existe y le crearon una incapacidad mental que nunca existió.

Hay papás que dirán que eso es una estupidez, si mi hijo es sordo o no tiene piernas pues no las tiene, es discapacitado, y yo te digo que eso si es una estupidez, y una estupidez cómo una catedral, es cómo que me digas que eres un inútil porque no tienes una raqueta de tenis. Pues ahora tú si me dirás que esta comparación sí que es estúpida y la verdad es que no.

Tu no necesitas una raqueta por qué no vas a ser tenista y tu hijo no necesita las piernas porque es obvio que no se va a dedicar a algo para lo que tenga que usar las piernas, **así que es una tontería enfocarse en lo que no tiene pero que de todos modos no va a usar.**

Sería mucho más lógico fijarse en que es lo que mejor tenemos y desarrollarlo al máximo y puedes pensar de la otra manera, pero no vas a avanzar mucho.

Unos papás solo vieron una deficiencia toda la vida, otros vieron cuatro cosas buenísimas, o tres cosas buenísimas, o dos cosas buenísimas, o una cosa buenísima, y dijeron, mi hijo es un ganador y lo va a lograr todo, porque el éxito está dentro de uno no fuera, porque el éxito está en llevar al máximo y utilizar de la mejor manera posible aquello que tengo.

¿Que le gusta a mi hijo?, ¿cómo puedo ayudar a que haga lo mejor posible aquello que le gusta?

UNAS PERSONAS BUSCAN EXCUSAS DONDE NO LAS HAY, Y LAS ENCUENTRAN EN TODOS LADOS.

TAN SOLO VEN EL AHUJERO DE LA ROSQUILLA.
OTRAS PERSONAS VEN LA DELICIOSA ROSQUILLA
Y NI LE PONEN ATENCIÓN AL AIRE QUE HAY EN
MEDIO, SENCILLAMENTE METEN EL DEDO EN EL
AHUJERO PARA PODER COMERLA MEJOR.

ES REALMENTE ESTUPIDO FIJARSE EN EL AIRE
QUE HAY EN MEDIO DE LA ROSQUILLA Y PENSAR
QUE ES CÓMO UNA GALLETA INCOMPLETA.
ES IGUAL DE ESTUPIDO FIJARSE EN ALGO QUE NO
EXISTE PARA USARLO EN ALGO QUE NO SE VA A HACER.

Aquellos que ven discapacidades y problemas para lograr sus objetivos, solucionar sus retos y vivir una vida feliz son las personas que buscan excusas en vez de soluciones, pues como todos, reafirman y buscan solamente aquello en lo que han decidido creer.

Las personas de éxito, TODAS Y ABSOLUTAMENTE TODAS, BUSCAN LA MEJOR MANERA DE APROVECHAR LO QUE TIENEN Y ENCONTRAR LO QUE LES HACE FALTA PARA LOGRAR AQUELLO QUE ESTÁN CONVENCIDOS QUE PUEDEN LOGRAR.

Como me he dado cuenta, aquello que creo que es posible es lo que hace que mi mente funcione de una manera o de otra, y si o si, crea lo que está ocurriendo en mi vida. Así que porqué no mejor creer y convencerme, de que soy capaz de lograr mis sueños, que ya los tengo en algún lugar del espacio tiempo y en mi existencia, y que lo que está ocurriendo me regresa a mi vida real, la vida que anhelo.

Si en verdad los seres humanos somos capaces de conseguir cualquier cosa, ¿Qué tan fácil puede ser el sentirse feliz?
La verdad es que sentirse Feliz es muy muy fácil.

Solo podemos tener pensamientos que están relacionados con las emociones que sentimos. Así que si podemos provocar nuestros propios sentimientos, podemos elegir las emociones que deseamos sentir, podemos crear pensamientos equivalentes.
¿A qué emoción necesitan unirse los deseos que tengo?

Cuando experimentas Gratitud, amor o felicidad, creas pensamientos que están alineados con esos sentimientos.

Piensa en lo que deseas y no en lo que no deseas, mi mente solo puede pensar en una cosa a la vez y solo puede sentirse de una manera a la vez, así que puedo pensar en lo que no deseo, puedo sentirme decepcionado y entonces crear más de lo mismo, o puedo sentirme feliz y positivo para crear pensamientos que van a crear junto con esa emoción aquello que quiero.
Tenfo que ser constante en mis emociones y pensamientos, para no ir creando lo que deseo y destruyéndolo después, y para eso tengo que ser capaz de controlar mis emociones.

La receta para ser feliz nos espera en el siguiente libro, y solo funcionará si realmente creo que puedo ser feliz cuando Yo desee, al igual que muchas más personas lo están siendo en estos momentos. En realidad sentirse feliz es realmente muy, muy, muy fácil.

Capítulo 24

Aprender a creer, para Aprender a Crear.

Aprender a creer que puedo ser feliz, para aprender a crear mi mundo feliz.

Ya sé, que si puedo creer que algo es posible para mi, puedo crearlo. Así que por qué no empezar a creer aquello que es bueno y útil para mí, para hacer de mi vida la mejor vida que pueda vivir y creer realmente que puedo hacer todo aquello que me lleva a vivir la vida que deseo.

Aprender a creer cosas que son posibles para mi, como que puedo tener un buen estado físico y sentirme saludable, puedo tener una excelente relación de pareja y encontrar la persona perfecta para mi, vivir enamorado, tener una familia unida y amorosa, tener una excelente situación económica, encontrar mi propósito, vivir haciendo aquello que me gusta. Aprender a creer que puedo ser feliz, para aprender a crear mi felicidad.

213

De esto trata este primer libro, de aplicar en mi vida diaria los resultados de la Magia mental para ser feliz, para mejorar los aspectos de mi vida que son importantes para mí, los que no van muy bien mejorarlos tanto como quiera y los que ya van bien mejorarlos todavía más :)

Y hay personas algo perezosillas que suelen decir; "¿Por qué seguir mejorando las cosas, por qué no dejarlas como están si ya están más o mejor bien, para qué esforzarse tanto? Pues por que puedo hacerlo, porque mejor es mejor :) Porque puedo mejorar lo que yo quiera tanto como me haga feliz, más bienestar, sentirme aún mejor, más paz interior, más satisfacción personal, más placer, más amor, más felicidad, mejores relaciones, más viajes, más riquezas, más de lo que yo desee hasta crear una vida excelente.

Es cierto que mejorar en la vida requiere un esfuerzo de mi parte y a medida que valla subiendo por los escalones del éxito en la vida, por las escaleras que nos llevan de sobrevivir o vivir una vida media a disfrutar de una vida excelente, a medida que subimos esos escalones la sensación de felicidad, plenitud y satisfacción personal es mil veces mejor.
También es cierto que la montaña del éxito de la vida está cuesta arriba y que si te paras a descansar demasiado tiempo, comienzas a resbalarte y volver a bajar. Entonces por qué seguir subiendo y esforzarse. Pues porque a medida que subimos la sensación de felicidad, satisfacción personal y paz interior es tan grande, que merece la pena seguir subiendo, pues cuánto más subes más disfrutas de la vida y más feliz eres, ya no quieres dejar de subir, ahora solo deseas llegar hasta la cima y ver lo que hay, que es lo

que hay en lo más alto, que tan feliz puedo llegar a ser.

Es como estar a mitad de una carrera universitaria y decirte; "Esto es muy difícil, mejor me vuelvo a la guardería que es más facilito." Por supuesto que no voy a hacer eso pues se que cuando llegue al final de lo que he comenzado hay algo mucho mejor, pues al terminar me habré convertido en un mejor ser humano, una nueva y mejor versión de mi mismo.

Cuánto más subes por la escalera de la montaña de la felicidad y el éxito en la vida, la vista es mucho mejor, en realidad todo es muchísimo mejor. En realidad la pregunta a hacerme es ¿Por qué no hay más personas que se animen a subir? ¿Por qué las personas se quedan abajo viendo cómo suben los demás, se quedan abajo o en los primeros escalones viviendo una vida media, en muchos casos una vida que no les gusta y solo sueñan con vivir la vida que podrían estar viviendo? ¿Por qué se quedan ahí abajo sin hacer nada? Vete tú a saber, son misterios de la vida.

¿Por qué Dios creó las montañas grandes abajo y cada vez más estrechas a medida que van elevándose hacia el cielo, y arriba del todo pequeñitas, como una especie de triángulo? Él es Dios, el Creador de todo esto, él puede hacer lo que le dé la gana, así que podría haberlas hecho al revés ¿si? Grandes arriba y abajo pequeñitas. ¿Por qué poner tanto espacio abajo y a medida que se sube cada vez menos espacio? Arriba del todo, a veces como para uno solo. La respuesta es muy sencilla.......... "Porque Dios es muy listo", y ya sabía que casi todo el mundo se iba a quedar abajo :) A lo más alto, arriba del todo, solo se iban a animar a subir unos poquitos. Así que para hacerlas al revés, chiquitita abajo y arriba un espacio enorme, la mayoría del mundo apiñado abajo y arriba del todo uno solo. Eso no tendría sentido.

Quizás si todos nos animamos a sacar lo mejor de la vida, de la oportunidad que nos dieron de vivir, solo quizás, las montañas se comenzarán a transformar de tal manera que ahí arriba habría lugar para todos, y viviríamos juntos y felices en el penthouse, en el escalón que tiene la mejor vista, que es desde donde nos observa Dios. Si miras hacia arriba con atención, quizá puedas verlo algún día ;)

Otra ventaja de vivir más arriba en lugar de sobrevivir en los primeros escalones, es que no te duele el cuello ni te da tortícolis de tanto mirar hacia arriba y ver lo bien que viven, lo bien que se lo están pasando y lo felices que son los que viven más arriba :)

Así que ya sabes, puedes ver esas cosas en la tele o aprender y hacer alguito nuevo cada día para seguir subiendo.

Para poder cambiar nuestro cuerpo debemos dejar de enfocarnos en el cuerpo y enfocarnos en las emociones y nuestros pensamientos porque son estos los que realmente lo cambian. De esto tratará el siguiente libro, que es una guía rápida para ser feliz. Como a la "gente" les gusta eso de la comida rápida y microondas y lo quieren todo para Ya! y facilito, pues les vamos a dar gusto. Así que prepararos para una buena dosis de "Felicidad Instantánea" 1, 2, 3 minutos y listos para disfrutar :)

Si queremos cambiar nuestro entorno debemos comenzar cambiando nuestras emociones y nuestros pensamientos pues estos cambian nuestro mundo.

Si queremos crear una nueva vida, mucho mejor que esta, debemos dejar de pensar en crearla en el futuro, y dejar de pensar en el tiempo, pues "por mucha prisa que tengamos no podemos acelerar el tiempo ni siquiera un segundo. Todo tiene su proceso."

Mahadma Gandi, dijo: "Tus creencias se convierten en tus pensamientos, tus pensamientos se convierten en tus palabras, tus palabras se convierten en tus acciones, tus acciones se convierten en tus hábitos, tus hábitos se convierten en tus valores, tus valores se convierten en tu destino".

Si ya creo que para mi es posible ser feliz, entonces mi mente ya ha comenzado el proceso para encontrar mi felicidad.

En el siguiente capítulo hay algunas referencias de personas maravillosas que investigan, aprenden y enseñan sobre la felicidad. Qué es y dónde encontrarla.
En el libro "Felicidad Instantánea" te enseñaremos cómo conseguir sentirte feliz en menos de tres minutos, y mantenerte feliz todo el día, cada día de tu vida, para que tu vida sea una experiencia maravillosa, divertida y única, y sobre todo Súper Feliz :)

Un montón de besos, abrazos, amor y buenos deseos de vuestro amigo Ángel, "El Ángel de la Felicidad.

AZ Ángel.   El Ángel de la Felicidad.

7 Razones para estar Feliz, lleno de Energía, mantener siempre mi Creatividad activa y sentirme Afortunado.

Felicidad:
Aumenta todo el potencial de mi cuerpo y mi mente.

Energía:
Mantiene mis niveles de felicidad óptimos. Mantenerme a mi máximo nivel de forma constante me permite lograr cualquier cosa que Yo desee.

Creatividad:
Me permite visualizar lo que deseo como si fuera real e imaginar posibles maneras de lograrlo.

Fortuna o Fe:
Tener la confianza de que Yo junto con el universo puedo lograr materializar cualquier cosa que yo desee. Yo hago todo lo posible

y el Universo hará el resto, lo imposible. Yo planto la semilla y cuido la planta y el universo hace crecer el árbol y producir los frutos de manera casi ilimitada.

Vamos conocer 7 muy buenas razones de por que nos conviene tener activados estos estados mentales y emocionales y aprenderemos 7 maneras muy faciles que podemos poner en practica para activarlos.

Explicación de los jercicios para aprender a sentir emociones Felices y Positivas

Vamos a hacer el ejercicio de recordar, recordar momentos positivos de nuestro pasado.

Haremos 4 ejercicios para trabajar 4 de las emociones y estados mentales que son fundamentales para materializar aquello que deseamos :)
Todos los ejercicios se hacen de la misma manera, la manera en que vamos a explicar a continuación, así que si se te olvida algún paso siempre puedes volver a leer estas instrucciones.

Empezamos.

Vamos a ir dentro de nosotros, dentro de nuestra mente, a nuestro recuerdos y volvemos atrás en el tiempo como en un cuento, así que empezaremos el ejercicio diciendo; "Érase una vez en algún lugar de mi mente donde guardo un momento de mi pasado en que ocurrió algo que me hizo sentir ……(ejem. Super

Feliz)........ " comenzamos a recordar y comenzamos a realizar las instrucciones que se explican más adelante.

Repite estos ejercicios varias veces para que lo recuerdes, lo se pas hacer y lo sepas enseñar a hacer.

Recuerda; "si solo lo lees lo olvidarás, si lo repito, escribo, lo practico y enseño lo recordaré y lo sabre hacer."

Cuando recordemos "No nos enfocaremos en lo que ocurrió en el momento" que vamos a recordar, nos enfocaremos en recordar **"cómo nos sentimos en ese mismo momento"** mientras ocurría lo que recuerdo.

Como lo que estamos aprendiendo es a sentirnos felices, para aprovechar todo el potencial que estos estados emocionales nos generan a los seres humanos, todas las emociones que vamos a experimentar son emociones positivas relacionadas con la felicidad, así que de alguna manera, vamos a recordar cómo nos sentimos felices en algún momento de nuestra vida.

Duración del ejercicio:

Cada ejercicio es muy cortito, solo dura entre cuatro y cinco minutos aunque si te sientes muy bien puedes alargarlo tanto tiempo como desees.

En realidad el ejercicio dura todo el día :) ya que debemos reperilo cada hora. Cada hora recibiremos nuestra dosis de felicidad.

Debemos de poner la alarma cada hora del día, el día que queramos sentirnos felices todo el día.

Cuando suene la alarma vamos a parar lo que estamos haciendo durante unos cuatro minutos y medio, para hacer el ejercicio.

Cual es el objetivo del ejercicio. Que deseamos lograr:

Para tener un día ganador debo mantenerme en un estado emocional ganador todo el día, debo de estar feliz, positivo, sentirme afortunado y estar lleno de energía.

Para sentirme todo el día feliz y positivo, afortunado lleno de energía o todas estas emociones juntas, lo primero que debo de hacer es poner mi cuerpo en el estado que deseo.

Hay varias técnicas para lograr ponerme en un estado emocional determinado, y la primera y la que vamos a aprender en este libro es la de recordar algún momento de nuestra vida en que nos sentimos de esa manera, visualizar ese recuerdo como si fuese real y traerlo al momento presente.

Después de conseguir mantener nuestro cuerpo en ese estado emocional durante poco más de dos minutos seguidos, nuestra mente recibirá el mensaje de que algo real está ocurriendo que me hace sentir de esa manera y entonces comenzaré a cambiar toda la química de mi cuerpo, quantum, átomos, moléculas, células, órganos, nuestros sistemas, absolutamente todo lo que hay en nuestro cuerpo cambia, a un estado físico y mental acorde a la emoción que hemos provocado y estamos sintiendo, y si esta emoción es positiva y relacionada con la felicidad todo nuestro cuerpo se potencia, se hace más eficiente en todos los aspectos e incluso **mejora o sana cualquier enfermedad.**

Muchos doctores a lo largo de la historia han utilizado las emociones positivas y la felicidad para sanar, doctores de nuestra época como Richard Bandler, Patch Adams, Mario Alonso Puig, Robert Waldinger, Shawn Achor o David Steindl-Rast que son algunos de mis preferidos. Y lo cierto es que no hay mejor medicina para curar cualquier mal o enfermedad que la felicidad.

"Todo ejercicio comienza el día anterior."

Antes de acostarnos debemos planear el día siguiente, tomar la decisión de hacer el ejercicio durante el día siguiente, y pondremos todas las alarmas para ese día, cada hora.

Planear una tarea el dia anterior antes de acostarnos, hará que nuestra mente inconsciente trabaje durante la noche en encontrar la manera más eficiente de realizar esa tarea durante el día y prepararnos mental y emocionalmente para lograr el mejor resultado posible, con lo que el resultado a lograr será muchísimo mejor, ya que estaremos más enfocados y predispuestos a alcanzar el resultado deseado.

Instrucciones del ejercicio.

El ejercicio empieza al levantarnos al día siguiente:

1. Cuando suene la alarma, la paramos.

2. Respiramos profundamente dos veces, hinchando bien nuestros pulmones y luego expulsando todo el aire.

3. Levantamos un poco la cabeza y sonreímos, con una sonrisa tan amplía como deseemos.

4. Podemos cerrar los ojos o mantenerlos abiertos mientras recordamos un momento en nuestra vida en que nos pasó algo que nos hizo sentirnos (felices, positivos, afortunados o llenos de energía).

5. Vamos a mantener y revivir ese recuerdo y esa emoción durante esos cuatro minutos y medio.

6. Mientras lo tenemos en nuestras mente recordaremos y lo recordamos como si fuese real, como si estuviese ocurrendo ahora.

6.1. Una vez que tenemos ese recuerdo claro en nuestra mente Vamos a intensificar ese momento:

• Vamos a hacer que lo que estamos viendo en nuestra mente sea más nítido y esté más enfocado.

• Hacemos que los colores sean más vivos.

• Aumentamos el tamaño de lo que estamos viendo mientras vamos acercando la imagen o la escena.

• La hacemos más grande todavía.

• Si escuchamos algo, aumentamos el volumen de lo escuchamos en ese momento.

6.2. Ahora vamos a recordar con especial atención:

• Cómo respiraba en ese momento y voy a respirar de la misma manera.

• Recordar cómo sonreía.

• Cuál era la postura de nuestros brazos, manos y dedos.

• Cuál era la postura de nuestro cuerpo, nuestras piernas y pies.

• Qué escuchábamos en ese momento.

• Qué decíamos.

• Qué pensábamos.

• Cómo nos sentiamos.

7. Vamos a mantenernos imaginando este recuerdo en nuestra mente durante al menos cuatro minutos, sintiendo la emoción de la felicidad y el agradecimiento, y si lo deseamos podemos mantener esa emoción y esa sonrisa por más tiempo, tanto como deseemos y nos haga sentir bien.

La Guía Súper Fácil de Trucos y Magia Mental para Ser Feliz.   Nivel 1.

8. Volvemos a repetir el ejercicio cuando suene la alarma de nuevo una hora más tarde.

Después del ejercicio aprenderemos unas muy buenas razones de por qué mantener esta emoción activa en mí siempre que pueda o todo el día si es posible.

A medida que aprendamos los otros ejercicios, cada vez que suene la alarma podemos practicar recordar y experimentar una emoción diferente.

9. Y cómo entramos dentro de un recuerdo para que nuestra mente lo crea real?

9. 1. Primero veremos la escena desde lejos, nos veremos a nosotros mismos disfrutando en ese momento positivo y sintiendos muy muy bien.
Observaremos cómo actuamos, que hacíamos y cómo nos sentimos. "Repitiendo los pasos del punto 6."

9. 2. Luego entraremos dentro de la escena, ya no somos observadores, somos el presonaje principla y viviremos la escena en primera persona. Somos nosotros esta vez los que estamos escuchando, viendo, y sintiendo esa emoción en primera persona. Soy Yo el que está viviendo esa escena positiva de felicidad y sintiéndome muy muy bien.

227

9. 3.   Mantenemos este estado emocional al menos cuatro minutos.

Hay que elegir recuerdos positivos y dar gracias por esos momentos mientras recordamos, para que se repitan más veces en nuestra vida.

Ahora sí, probemos con el primer ejercicio.

Ejercicio 1

Hoy definitivamente Yo sí decido sentirme

Lleno y Llena de energía

Ejercicio:

Pienso en tres momentos de mi vida en que me sentí lleno de Energía. Escribir en un papel lo que logré y lo bien que me lo pasé.

Hacer este ejercicio repitiendo las instrucciones del paso seis de la explicación del ejercicio.

7 Muy buenas razones para sentirme Lleno de Energía hoy:

1. Primero de todo es que al igual que cualquier persona, mientras me mantengo en un estado óptimo de energía no puedo estar deprimido ni desanimado y **siempre me voy a sentir bien, positivo y feliz.**

2. **Súper inteligencia y creatividad.** El súper cerebro de los seres humanos se activa con un nivel de energía físico y mental alto. También al sentir que tengo suficiente energía para realizar más cosas y terminarlas antes, mi mente se vuelve más creativa y busca cómo aprovechar esta energía para activar mas inteligencia y crear más.

3. **Tener energía significa tener buena salud,** siempre que adquiera la energía de forma natural, con buena hidratación, el descanso, alimentación correctos, meditación, actividades al aire libre, ejercicio aeróbico, música con ritmo y letra positivos, información positiva y relaciones con personas felices y positivas entre otros.

4. **Mejor autoestima y mas confianza en mi emismo,** ya que siento que tengo suficiente energía para realizar mis tareas y

objetivos. Al ser capaz de hacer mucho más y ofrecer también mucho más a los demás mi valor aumenta como persona y como miembro en la sociedad lo que hace que Yo aumente mi valoración personal, la confianza en mí mismo y mi merecimiento.

5. **Más eficiente y constante**. Mantener un nivel de energía constante me permite terminar lo que empiezo sin sentir agotamiento o que se me van acabando las fuerzas. Mi trabajo es más eficiente y tengo capacidad para mucho más.

6. **Somos más atractivos para los demás.** Todos mis sistemas funcionan mucho mejor, haciéndome ver mucho más saludable, vigoroso y más sexual, además mi energía se transmite al igual que cualquier otra energía por eso a todo el mundo nos gusta estar rodeados de personas que tienen igual o más energía que nosotros. "Cuidado con los chupones de energía = las personas aburridas o negativas."

7. **Muchísimo más eficiente en las tareas que me gustan**. Si soy una persona con mucha energía, si no me gusta una tarea me va a ser muy difícil quedarme quieto aburriéndome y resignándome a hacerla, como estar en clase escuchando una materia que me trae sin cuidado, pero seré capaz de enfocarte, absorber la información y ser excelente en aquellas actividades, asignaturas, deportes, hobbies y trabajos que me gustan.

Por eso decido sentirme lleno de energía, hoy!

7 cosas que puedo hacer para sentirme Lleno de Energía.

1. Rodearme de personas llenas de energía y alejarme de personas que no lo son. Recordar siempre que me transformo en una persona igual a las cinco personas con las que más tiempo paso.

2. Recargarme constantemente de energía recordando siempre que las energías más poderosas provienen de aquello que no se ve.

- Hacer ejercicio aeróbico durante 30 minutos al menos 4 veces por semana y practicar con otras personas algún deporte que me guste.
- Pasar tiempo en la naturaleza, al menos una vez por semana escaparme al campo o la playa y tomar el sol.
- Aprende a respirar correctamente.
- Meditar y practicar mindfulness.
- Hidratarme, beber agua siempre que tenga sed y eliminar la cafeína ya que está me desidrata. Sobre todo si me dedico a cantar uso tu voz para trabajar y me gusta socializar con otras personas

3. Descansa bien y sin estrés ni preocupaciones, no más de 8 horas y eliminar la cafeína, ya que impide que descanse bien y que funcionen correctamente los procesos que reparan mi cuerpo mi mente durante el sueño.

4. Comer alimentos naturales no procesados, sobre todo frutas, verduras, alimentos marinos y pescados medianos o pequeños.

5. Tomar suplementos, vitaminas, aminoácidos, minerales, etc.

6. Socializar, pasar tiempo con personas positivas, "alejarme y eliminar de mi vida las personas negativas".

7. Dedicarme profesionalmente a una actividad que me gusta mucho o me apasiona, de esa manera mi actividad profesional aumentará mi energía en vez de agotarme.

Por eso decido hacer todo lo necesario para sentirme lleno de Energía hoy!

AZ Ángel.   El Ángel de la Felicidad.

Ejercicio 2

Hoy definitivamente Yo sí decido sentirme

Creativo

Ejercicio:

Pienso en tres momentos de mi vida en que me sentí Creativo. Escribir en un papel lo que logré y lo bien que me lo pasé.

Hacer este ejercicio repitiendo las instrucciones del paso seis de la explicación del ejercicio.

7 Muy buenas razones para sentirme Creativo hoy.

1. **Aumenta muchísimo mis probabilidades de éxito y sobresalir de los demás.** Mientras la mayoría sigue haciendo en vano las cosas de la misma manera esperando obtener resultados diferentes y mejores, las personas creativas encontranos el modo diferente de alcanzar esos resultados.

En el top 10 de las personas más exitosas en cualquier actividad profesional y las primeras empresas del mundo que se mantienen a lo largo del tiempo encontrarás siempre las personas mas creativas.

2. **Aumenta la inteligencia.** La creatividad hace fluir el pensamiento propio y la resolución de problemas, y mantiene mi cerebro activo, ya sé que lo que más practico, mejor me vuelvo.

3. Al ser capaz de encontrar soluciones, esto **me ayuda a resolver mis problemas personales, familiares, sociales y profesionales, reduciendo el estrés y la ansiedad.**

4. La creatividad me permite crear ideas para **conquistar y enamorar a la persona que deseo.** Mi mente no se bloquea

236

ante mis retos o deseos, siempre busca una manera de lograrlos, y al final siempre acaba por encontrar la manera.

5. La creatividad me motiva a asumir riesgos, permite el crecimiento personal, salir de la zona de confort, **conocer nuevas y mejores formas de vivir y alcanzar la vida de mis sueños.**

"Las personas que no son creativas me dirán que alcanzar mis sueños no es posible." ya que para ellos es imposible imaginar y hacer posible una vida diferente a la que tienen ahora, y si piensan que para ellos no es posible entonces piensan que no es posible para nadie cercano a ellos.

6. **Hace que tenga Fe y más confianza en mí mismo**. Saber que tengo más opciones de lograr lo que deseo y saber que puedo encontrar las respuestas a cómo lograrlo, **me da la confianza para emprender y lograr mis sueños, me da la libertad de elegir mi destino.**

La creatividad me permite encontrar la manera de alcanzar mis metas y lograr mis sueños.

7. **Podré ahorrar mucho dinero**, ya que las personas creativas somos muy buenas para arreglar cualquier cosa y resolver casi cualquier situación y cuando no lo pueda hacer se que mi creatividad me permite encontrar el cómo y la solución.

Por eso decido sentirme Súper Creativo hoy!

7 cosas que puedo hacer para sentirme más Creativo.

1. Rodearme de personas creativas y alejarme de personas que no lo son. Recordar siempre que me transformo en una persona igual a las cinco personas con las que más tiempo paso.

2. Pasármelo lo mejor posible y reírme mucho. El buen humor aumenta la creatividad mientras que el mal humor aumenta el pensamiento analítico. Así que a dejar de ser gruñón y reírme más.

"Cuando no pueda resolver un problema, me reiré de él y la solución aparecerá. Es como todo lo que se me resiste en la vida, cuando ya no dejo que me afecte, desaparece. Prueba del juego superada :)"

3. Pensar en ideas extravagantes activa la creatividad, así que pensar en las ideas más locas e imposibles para lograr algo que deseo será útil para activar mi creatividad, para luego encontrar otras ideas más simples y fáciles de poner en práctica. Por eso en un "brain storming" toda idea es válida por ridículamente o descabellada que parezca, ya que ayudan a activar la creatividad de todos los miembros del equipo.

4. Practicar mindfulness o atención plena cuando trate de resolver un problema, juntar nuevas ideas o despertar mi creatividad, ya que de esta manera distraigo mi cerebro analítico y permito que mi cerebro creativo fluya y encuentre las respuestas de forma inconsciente. Es por esto que cuando me relajo y me olvido de un problema y dejo de pensar en él, aparece la solución. "Relájate, date una ducha y Eureka!"

"Toda pregunta tiene siempre, siempre, siempre una respuesta que aparece cuando nos callamos y escuchamos al más listo de la clase, que es nuestra mente interior."

5. Despertar en la hora de los genios cuando la mente del que está consciente se conecta con la inteligencia infinita. Vaya, que me despierte a las 4 de la mañana, es la hora mágica cuando más cantidad de ideas fluyen por el éter y la hora en que más ideas han surgido de la mente de los genios.

Ángel. "¿El por qué? No te lo cuento ahora, pero si te digo que funciona y es bestial :)"

6. Escribir un diario de agradecimiento activa mi mente y la motiva a encontrar las mejores experiencias del día para escribirlas en mi diario antes de acostarme, lo que provocará que aumente mi creatividad para encontrar y crear cada día nuevas oportunidades y experiencias, más y más felices e interesantes que el día anterior para apuntarlas en mi diario. Se crea una especie de reto mental para conseguir hacer cada día un poco mejor y más feliz que el anterior :)

7. Hacer cosas que me dan miedo y más de las cosas que me dan terror. Esto si o si activa mi creatividad.

Es la mejor manera con diferencia de reactivar mi Yo creativo. Además me daré cuenta que tener miedo no tiene sentido y que detrás de mis mayores miedos se esconden todos mis deseos más profundos y mi verdadera vida.

Por eso decido hacer todo lo necesario para sentirme Súper Creativo hoy!

Ejercicio 3

Hoy definitivamente Yo sí decido sentirme

Ejercicio:

Pienso tres momentos de mi vida en que me sentí Afortunado. Escribir en un papel lo que logré y lo bien que me lo pase.

Hacer este ejercicio repitiendo las instrucciones del paso seis de la explicación del ejercicio.

7 Muy buenas razones para sentirme Afortunado hoy:

1. **Si espero lo mejor ocurrirá lo mejor que pueda llegar a ocurrirme.** Si espero siempre lo mejor, estaré pendiente de que me ocurra lo mejor, tendré la sensación y la actitud de que ya me está ocurriendo lo mejor y lo más probable es que me ocurran muchas mejores cosas que con una actitud diferente.

Debemos aclarar que sentirse afortunado es saber que yo soy capaz de generar mi suerte, que mi actitud y mi pensamiento positivo provocan que la suerte esté siempre de mi lado, por lo que no creo en el destino, el azar o la suerte externa, Yo se que soy capaz de atraer siempre el mejor resultado para mí y mi equipo.

2. **Tomo muchas mejores decisiones.** Solo los que toman riesgos ganan y avanzan. Estar convencido de que lo voy a lograr porque cuento con mis habilidades, con fiar en mí mismo y tener la certeza de que el Universo está a mí favor me permite tomar más riesgos basados en mi instinto evitando los riesgos de las decisiones dejadas al azar o suerte externa o la rigidez de decisiones limitadas por el miedo a fallar o perder.

3. **Conseguiré casi siempre lo que deseo.** Y no es suerte es inteli-

gencia. Si confío en mi Yo real interior, mi Yo interior solamente me hará sentir la sensación de certeza de que voy a lograr aquello que verdaderamente puedo lograr. Mi Yo interior me conoce mejor que nadie, mis deseos, fortalezas, debilidades y cual es mi propósito y me guiará hacia los objetivos que debo ir logrando, los lugares donde debo de ir, las personas que debo de conocer y lo que debo de aprender para cumplir mi propósito, así que hará que me enfoque en lo que amo de verdad, me conviene y definitivamente aquello que sí puedo lograr, alejándome de lo que no es posible para mi.

Si creo que realmente puedo tendré razón. Si creo que no puedo también tendré razón, pero al final el que lo logra es aquel que cree que puede.
Si creo que no puedo lo intentaré a medias o ni si quiera lo intentaré. Si estoy totalmente convencido de que puedo lograrlo, entonces lo intentaré tantas veces como sea necesario hasta que aprenda cómo o encuentre la manera de lograrlo y lo logre.

¿Por qué alguien da vueltas por una hora buscando aparcamiento para su auto en la misma zona? Pues porque tiene la certeza de que antes o después lo va a encontrar, por eso insistirá hasta que lo encuentre, si no estuviese seguro no insistiría mucho, cedería y se iría a otro lado. Y ¿adivina qué ? El que persevera alcanza :) va y encuentra parking. Es más, el que va convencido de que lo va a encontrar porque se cree afortunado encuentra casi siempre aparcamiento a la primera incluso en las áreas más complicadas. ¿Te ha pasado esto alguna vez?¿Te has sentido así alguna vez?

4. Atraigo a las personas adecuadas en el momento adecuado. Escucho más a mi instinto, mi voz interior en vez de a mi razonamiento. Confío más en mí mismo y dejo de escuchar los consejos de los demás que por lo general no son acertados. Encontrarme con la persona adecuada que tiene el conocimiento específico adecuado para tomar la decisión adecuada es algo que tiene que ver con la suerte externa ¿o quizás es mi inconsciente que está enfocado en buscar las oportunidades reales en vez de dudar, y comenzar a preocuparme pensando que será lo adecuado?

5. Voy confiado por la vida, lo que me da la confianza del ganador y hace que esté más relajado y pendiente de buscar todas las oportunidades posibles, lo que **me da muchas más probabilidades de encontrar o lograr lo que busco,** mientras que las personas menos seguras tienden a estresarse y usar siempre la opción más segura. **Mis sueños y la buena vida se alcanzan aventurándome mucho más allá de mi zona de confort.**

6. Vivo mucho más tiempo y mucho más saludable. Las personas afortunadas casi nunca nos estresamos ni nos preocupamos, por lo que no tenemos las enfermedades relacionadas con el estrés, la ansiedad o la depresión, así que vivimos más años, con mejor salud y más felices.

7. Nos reponemos muy rápido por pérdidas, desamores o derrotas. Mi frase favorita en estas situaciones es; **"seguro que lo que viene es mucho mejor."** :) un hombre muy inteligente y exitoso dijo una vez; "No sufras por dejar ir algo bueno para conseguir algo mucho mejor," o no hay mal que por bien no venga :)

Por eso decido sentirme más Afortunado hoy!

7 cosas que puedo hacer para sentirme más Afortunado.

1. Rodearme lo más posible, de personas Afortunadas y alejarme de personas que no lo son. Recordar siempre que me transformo en una persona igual a las cinco personas con las que más tiempo paso.

2. Pensar siempre; "En esta situación ¿Qué es lo mejor que me puede llegar a ocurrir?" Y hacer una lista de las Díez mejores cosas que me puedan ocurrir ante esa situación.

3. Ante cualquier problema pensar siempre en positivo y nunca considerar un resultado negativo. Cuando solamente tengo un resultado posible en mi mente, mi mente usa todos sus recursos para alcanzar ese resultado y solamente ese resultado, así que esa es la única opción que puede llegar a ocurrir. NO HAY OPCIÓN B." Puedo cambiar el plan que hice para lograrlo pero el objetivo a lograr sigue siendo el mismo, sólo es ese, Si o Si.

3.1. Primero pienso cuál es el mejor resultado que deseo que ocurra. Escribir veinte soluciones posibles.

3.2. Después seguir escribiendo hasta que ya no se me ocurra ninguna más.

3.3. Olvidarme del problema, dejar de pensar en él por algún tiempo.

3.4. Con el tiempo aparecerán otras ideas, así que mantendré siempre una libreta en mi bolsillo para escribir las soluciones que vengan a mi cabeza cuando no esté pensando en el problema.

3.5. Escoger las tres últimas respuestas que he escrito para la solución de ese problema y decidir probar una de ellas.

3.6. Tomar acción inmediatamente. Antes pruebe una solución, antes mequitaré el problema de encima, y si esa solución no funciona tendré más tiempo para intentar otras diferentes.

Es muy probable que consigas el resultado deseado, y lo que sí es seguro que conseguiré un resultado muchísimo mejor si trabajo en conseguir el mejor resultado posible, a que si me dedico solamente a pensar nada más cómo salir del problema.

4. Hacer planes y no enfocarme en el proceso, enfócarte en el resultado que deseo. El camino será incierto pero el resultado va lo he declarado y es un premio prometedor, maravilloso que

realmente merece la pena cualquier esfuerzo o precio a pagar en el camino. Cuando el premio merece la pena el precio a pagar poco importa.

5. Centrarme en una sola cosa a la vez. Cuando enfoco todos mis recursos físicos, mentales y espirituales, y doy lo mejor de mi para alcanzar un solo objetivo y persisto hasta alcanzarlo, tengo todas las opciones posibles de lograrlo. Si voy un paso a la vez, un objetivo pequeño a la vez, tendré la sensación de que soy muy afortunado pues iré conquistando cada paso y consiguiendo casi todo lo que me proponga.

6. Aumenta la confianza en mí mismo. Las personas de éxito cambiar de opinión, mientras las persona que no tienen éxito, tardan mucho en tomar decisiones y cambian de opinión muy rápido. Cuando me siento afortunado confío en mi instinto y no en lo que opinan los demás. No me hace falta el comodín del público, ni el de la llamada ni el del 50%. Cuando tengo confianza plena en algo me dejo llevar por mi corazón. Podré fallar, aunque acertaré 100 a 1.

Recordar que sentirme afortunado es confiar en mí mismo y en que el universo juega a mi favor y no el pensar que la suerte sin sentido y el azar son los que decidirán lo que me va a ocurrir.

7. Ser siempre agradecido y practicar el agradecimiento, ya que según la ley de la atracción atraigo más de aquello por lo que estoy más agradecido.

La manera en que el universo entiende que yo deseo algo de

verdad es la intensidad del agradecimiento que siento al recibirlo.

Mi mente subconsciente no distingue entre lo que es real y lo que imagino, así que si quiero pedirle algo al universo, he de imaginar que ya lo he recibido, que está en mi posesión, así que he de pedirlo como si ya lo tuvieras entre mis manos o lo pudiera ver ante mí, agradecerlo como si ya fuese real y el universo me dará más de lo que ya poseo y agradezco intensamente desde el fondo de mi corazón , aunque esto solamente ocurra en mi imaginación.

El universo me da más de aquello que ya he recibido y me siento súper feliz y agradecido por ello.

Marcos 11:24. "Por eso os digo que todas las cosas por las que oréis y pidáis, creed que ya las habéis recibido, y os serán concedidas ."

Por eso decido hacer todo lo necesario para sentirme Súper Afortunado hoy!

Ejercicio 4

Hoy definitivamente Yo sí decido sentirme

Ejercicio:

Pienso tres momentos de mi vida en que me sentí Feliz.
Escribir en un papel lo que logré y lo bien que me lo pasé.

Hacer este ejercicio repitiendo las instrucciones del paso seis de la explicación del ejercicio.

7 Muy buenas razones para sentirme Feliz hoy:

1. La Felicidad sana y Potencia todo mi cuerpo a su máximo nivel. La felicidad trae consigo todas las sensaciones y beneficios de las otras emociones positivas. Automaticamente nuesro sistema inmunológico se reactiva y se potencia, se regula nuestra presión arterial, se elimina el estres, desaparece la ansiedad, la preocupacion y la depresion, aumenta nuesra energía y volvemos a sentirnos estupendamente.

Es por todo esto y muchos beneficios mas es por lo que estamos aprendiendo como sentirsnos felices todo el día y activar la felicidad desde dentro sin la necesidad que tenga que ocurrir algo fuera de nosotros ocurra.

2. Me permite evolucionar y alcanzar mi propósito. Dicen que hemos nacido para sobrevivir aunque en realidad mi mente y mi cuerpo han sido creados para explorar y evolucionar y la Felicidad activa de forma constante mi súper cerebro, el que hace que pase de vivir de forma automática a pensar, activar mi creatividad, eliminar mis miedos y activar mi curiosidad, buscar oportunidades y nuevas experiencias, amar y unirme a otros seres humanos para colaborar juntos a alcanzar propósitos comunes y ayudar a otros a alcanzar sus propósitos individuales.

El estado de felicidad nos lleva a crear un mundo mejor para todos los seres vivos del planeta, vivir en armonía en un sistema "Ganar ganar" y disfrutar de una vida plena.

Es lo que a veces se llama activar el sistema parasimpático.

3. **La felicidad me permite entrar en contacto con mi alma,** desde mi ser material poder alcanzar el espiritual y conectarme con la sabiduría infinita.

Hay otras formas de alcanzar vibraciones lo suficientemente altas para poder conectar con mi alma y la sabiduría infinita, la diferencia es que **la felicidad me permite estar en conexión constante con ellas.**

La felicidad verdadera y pura incluye las emociones de la gratitud y el amor.

4. **La felicidad me une con los demás.** Me une con el universo y hace que me de cuenta que todos somos uno. Viendo a los demás me siento feliz pues mis neuronas espejo filtran cualquier reflejo negativo de las personas que veo, e imito en mi mente sus expresiones y manifestaciones de felicidad. La felicidad elimina el miedo hacia los demas seres vivos, eliminando el rechazo y el odio.

El opuesto del amor no es el odio, es el miedo.
La felicidad elimina el miedo y reactiva el amor y la empatía por los demas.

5. Me hace sentir increíblemente bien, pues activa todos los neurotransmisores que me dan la sensación de paz interior, satisfacción personal, placer, alegría, aceptación y amor.

6. Me permite disfrutar y sacarle el mayor partido a la vida. El estado de felicidad elimina el velo de los miedos, la duda y las mentiras (la desinformación) y me permite ver la verdadera belleza que hay en la vida, todos los seres humanos, los seres vivos y toda la creación.

7. Nos permite ser súper exitosos en aquello que deseamos desde el corazón, nuestro propósito. Yo he venido a este mundo a ser feliz y triunfar. Y esto es cierto y va en este orden.

"Lo primero es alcanzar la felicidad, y lo demás vendrá por añadidura."

"Toda creación ha sido concebida para alcanzar su máximo potencial." Y para los seres humanos la cualidad que nos hace alcanzar el máximo potencial es el estado de felicidad.

"La Felicidad potencia mi cuerpo y mi mente al máximo,"

por lo que para alcanzar mis mayores logros lo primero que he de hacer es ponerme en el estado de felicidad más elevado que pueda, luego seré muchísimo más eficiente para lograr cualquier tarea.

"La felicidad viene de fábrica, está en nosotros desde que nacemos y se activa de dentro hacia afuera, no hay que esperar a que ocurra algo o llegue alguien a provocar en nosotros el estado de felicidad."

¿Cómo activar mi felicidad a voluntad?
AZ Ángel; Revelaremos estos trucos de Magia mental en el siguiente libro, "FELICIDAD INSTANTÁNEA."
Así que no te lo pierdas :)

El éxito es vivir feliz y plenamente la vida que Yo elijo vivir, porque es la vida que yo deseo vivir para mí. Vivir mi propia vida, donde yo soy el escritor de la película de mi vida, el director y el personaje principal.

7 cosas que puedo hacer para sentirme más Feliz.

Siete cosas y otras muchas más que puedo hacer para activar y aumentar mi felicidad las encontraré en el libro "FELICIDAD INSTANTÁNEA." :)

AZ Ángel.   El Ángel de la Felicidad.

EL MUNDO REAL EN EL QUE VIVIMOS.

Es fácil para nosotros distorsionar la realidad en nuestra mente, en nuestros sueños cuando dormimos. También lo hacemos con mucha facilidad cuando estamos despiertos; al imaginar algo que deseamos, al soñar despiertos o recordar algo. Esto es algo que todos hacemos consciente e inconscientemente todo el tiempo. A veces lo que vemos o creemos ver cuando imaginamos, parece tan real que nos es difícil o imposible distinguirlo de la "realidad", y si el no distinguir la imaginación de la realidad se convirtiese en algo constante, podríamos llamarlo esquizofrenia y los psicólogos y psiquiatras dirían que la persona está mentalmente enferma.

Dicen que ver duendecillos verdes es algo normal, mientras no te hablen. Si los escuchas hablándote, preocúpate :). O a lo mejor no.

Entonces, ¿Qué es la imaginación y que es la realidad? ¿Y cómo distinguirlas?

La razón de que nos es tan fácil y natural jugar con nuestra imaginación, jugar a cambiar el mundo, es porque en realidad

EL MUNDO EN EL QUE VIVIMOS, NO ES EL MISMO MUNDO QUE VEMOS, Y VIVIMOS EN NUESTRO MUNDO INTERIOR Y NO EN EL MUNDO EXTERIOR. Si, esto puede parecer un poco raro.

"Todo depende del color del cristal con que se mire." Quizás ya hayas escuchado antes esta frase, y en parte este dicho tiene razón, aunque es algo más que un cristal de color lo que nos hace ver el mundo de manera diferente a otras personas.

Imaginemos el mundo como un juego de mesa, "El juego de la vida," el juego de nuestra vida. Cada ser humano está jugando a su propio juego, pero todos nosotros jugamos en el mismo tablero. Es un tablero multi-juego donde todos los seres humanos que estamos participando en el juego jugamos a la vez, cada cual su juego.

El Juego tiene unas reglas generales, que si las conoces podrás ganar el juego "Siempre". El objetivo del juego es vivir mi propia vida.

Al comienzo del juego, nadie nos explicó las reglas, es más, nos dieron otras reglas diferentes y nos dijeron que eran las reglas verdaderas y que con esas reglas ganaríamos el juego, tendríamos éxito y seríamos felices. Falso........ Las reglas que nos dieron eran las de cómo ser parte del juego de otros y usar nuestra vida para ayudar a ganar el juego a otros.

Uno de los trucos que nos escondieron es la felicidad. Ya que consiguiendo la felicidad se gana el juego automáticamente. Si consigo mi propia felicidad desde dentro de mí, no tendré que buscarla fuera, por lo que no tendré que hacer cosas que no quiero hacer para conseguirla. Cuando alguien quiere conseguir algo de nosotros nos engaña diciendo que es ahí donde encontraremos la felicidad, y cómo necesitamos la felicidad para vivir, hacemos lo que sea, para poder conseguirla.

"No es que seamos adictos a la felicidad, si no que la felicidad es más necesaria para la vida que el aire que respiramos." Y acuérdate, la felicidad no es el placer.

Durante nuestra infancia, se nos programaron esas reglas, las cuales llamamos creencias y valores que nos dicen que se puede hacer y que no se puede hacer, que es posible y que no es posible. También nos programaron unos valores que indican, que esta bien y que no lo está, que es bueno, moral, correcto y válido en nuestro entorno, para nosotros y para todos los demás, y que todo lo que se sale de esas reglas está mal y tiene un castigo, mientras que si seguimos esas reglas tendremos una vida feliz, plena y exitosa. A partir de estas creencias y valores engañosos comenzaremos a jugar el juego de nuestra vida. El 95% de las personas de este mundo se creyó lo que le dijeron y siguieron estas reglas, el otro 5% es feliz y vive la vida que desea, una vida propia. Y es totalmente lógico.

"No se pueden cocinar todos los platos deliciosos del mundo con una sola receta y los mismos ingredientes, ni todas las personas pueden ser felices viviendo con la misma receta de vida, ya que todos somos diferentes."

Se cree que grabamos toda la información que recibimos a través de nuestros sentidos, el 100%, pero que solo usamos el 5% de esa información, ya que se cree que es la única información que necesitamos para vivir nuestra vida y jugar nuestro juego personal. El resto de la información, el otro 95% de la información que hay fuera en el mundo, nuestra mente consciente la ignora, no somos conscientes de que existe "Conscientemente." No la vemos, no la escuchamos, ni olemos, degustamos o percibimos de ninguna otra manera, aunque está ahí, en el mundo en que "habitamos, pero no en el mundo en que vivimos."

PODEMOS ELEGIR EL 5% QUE NOSOTROS DESEEMOS, DE LA INFORMACIÓN QUE RECIBIMOS A TRAVÉS DE NUESTROS SENTIDOS. Y ESE 5% DE INFORMACIÓN QUE HEMOS ELEGIDO, VA A DETERMINAR LA VIDA QUE VIVIMOS, Y CÓMO LA VIVIMOS.

Ese 5% es lo con lo que creamos nuestro mapa mental. En PNL decimos que el mapa no es es territorio y que todos tenemos un mapa diferente a todos los demás. Es como las huellas digitales, el iris de nuestro ojo, nuestro cabello o nuestro A.D.N. Es único, Somos únicos.

NUESTRO MAPA MENTAL ES ÚNICO, Y NADIE MÁS QUE NOSOTROS "PUEDE VERLO".
Aunque todos pensamos que los demás también ven, escuchan, sienten, saborean, huelen, y en definitiva, perciben el mundo igual que nosotros.

Pero no es así. La única persona que puede experimentar el mundo en la manera en que Yo lo hago, soy Yo.

Lo cierto es que nos hicieron creer, que todos percibimos el mundo de igual manera, y que todos somos iguales, por eso no comprendemos por qué las demás personas actúan de forma tan diferente a nosotros, piensan de forma diferente, tienen otros gustos diferentes, otros valores y creencias tan diferentes. Y como nos hicieron pensar que todo el mundo ve lo que nosotros vemos y además lo ven igualito que nosotros, y también nos hicieron creer que la visión que tenemos del mundo es la correcta, pensamos que todo el que no ve o entiende las cosas como nosotros, está mal o equivocado.

Las creencias, aquello que creo que es posible y que no es posible, hará que literalmente descarte o no vea lo que pienso que no se puede hacer o que Yo no puedo hacer.

"En realidad para mi es posible hacer cualquier cosa que otro ser humano puede hacer, pues las leyes universales son las mismas para todos. La única condición es creer que Yo sí puedo."

Por eso las personas que no son felices todo el tiempo, tienen la creencia de que esto no es posible, y muy probablemente también ignoran todos los beneficios físicos y mentales que obtenemos al sentirnos constantemente felices.

Donde más seguir buscando el conocimiento de la felicidad.

Hay mucha información ahí fuera, en realidad siempre la ha habido lo que ocurre es que esta información comienza a llegar a los seres humanos cuando nos hacemos preguntas correctas.

Si me hago las preguntas correctas aparecerán ante mi las respuestas correctas.

Estos son algunos de los primeros libros que llegaron a mí. Libros de los maestros con los que Yo Ángel mas me identifiqué cuando comencé, donde encontré algunas de las respuestas que me dieron las claves para seguir buscando y hacerme las preguntas correctas. Libros donde Yo pude encontrar inspiración e información sobre "La Magia Mental; la capacidad que tenemos todos los seres humanos para crear a partir de nuestra imaginación. Siempre que nuestro nivel de deseo, nuestras emociones, nuestra energía y nuestro amor, estén en armonía."

Quizás cada una de las personas que lean este libro, tengan acceso a esta información y lean, estudien y consulten estos libros, os ayude a encontrar el camino que lleva a la mejor vida y más feliz que podáis llegar a vivir.

Napoleon Hill. "Piense y hágase rico" y "Las 17 llaves del éxito."

Antoine de Saint. "El principito."

Robert Fisher "El caballero de la armadura oxidada."

Miguel Ruiz "Los cuatro acuerdos."

Carlos Castañeda "Las enseñanzas de Don Juan."

Richard Bach. "Juan Salvador Gaviota."

Paulo Coelho. "El Alquimista."

Jim Rohn. "Los 12 pilares."

Brian Tracy . "Si lo crees lo creas."

Rhonda Byrne. "El Secreto."

Edgar Tolle. "El poder del ahora."

Tony Robbins. "Despierte su gigante interior."

Zig Ziglar. "Más allá de la cumbre."

Earl Nightingale. "El secreto más raro del mundo."

James Allen. "El hombre es lo que piensa"

Victor Frankl. "El hombre en busca del sentido."

Wayne Dyer. "La fuerza de creer." y "El Universo oye lo que sientes."

Nick Vujicic. "Una vida sin límites."

Richard Brodie. "Virus de la mente."

Pastor Joel Osten. "El poder del YO SOY" y "Usted puede y lo hará."

Prentice Mulford. "Los pensamientos son cosas", "Leyes y secretos del mundo del pensamiento," "Nuestras fuerzas mentales."

Atkinson William. "La magia mental."
Deepak Chopra. "Curación cuántica", "El libro de. Los secretos."

Estos autores tienen muchos más libros y documentales que se pueden comprar o consultar en bibliotecas, internet y las redes sociales.

En los próximos libros de La Guía Súrper Fácil de Magia Mental para Ser Feliz os iré enseñando la información que Yo aprendí durante muchos años, de la consulta de miles de documentos, libros, documentales, artículos, etc. Para que os ahorréis algunos años de estudio e investigación y podáis tener acceso y disfrutar de lo mejor que yo encontré, reunido en una misma guía y fácil de aprender, aplicar en vuestra vida y enseñar, y si lo deseáis convertiros en Magos Mentales de Felicidad Profesionales o en Ángeles de la Felicidad.

"Todos somos alquimistas, buscando una piedra
filosofal que nos enseñe como crear oro,
sin darnos cuenta que nosotros mismos somos
la piedra filosofal, la creación y el Creador."

"Todo Dios tiende a crearse a sí mismo.
Solo aquel que descubre su verdadera naturaleza,
comienza a crear su propio Universo"

"Al final siempre siempre se trato de mí,
siempre fui Yo,
experimentando la vida desde miles de millones
de perspectivas diferentes."

Para todos vosotros de AZ Ángel Azcona, el Ángel de la
felicidad.

Con todo el amor de mi corazón.

AZ Ángel. El Ángel de la Felicidad.

Printed in Great Britain
by Amazon

84368963R00154